LETTRE

ADRESSÉE

A M. LECONTE

DÉPUTÉ DE L'INDRE

SUIVIE DE COMMENTAIRES

PAR

Un Libre-Penseur Berrichon

Prix : **50** centimes

CHATEAUROUX

TYPOGRAPHIE ET STÉRÉOTYPIE A. MAJESTÉ

2, RUE DU TRIPOT, 2

1881

LETTRE ADRESSEE

A M. LECONTE

DÉPUTÉ DE L'INDRE

Châteauroux — Imp. Nиант, MAJESTÉ, successeur

LETTRE

ADRESSÉE

A M. LECONTE

DÉPUTÉ DE L'INDRE

SUIVIE DE COMMENTAIRES

PAR

Un Libre-Penseur Berrichon

Prix : **5 0** centimes

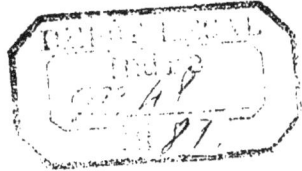

CHATEAUROUX

TYPOGRAPHIE ET STÉRÉOTYPIE A. MAJESTÉ

2, RUE DU TRIPOT, 2

—

1881

LETTRE

ADRESSÉE

A M. LECONTE

DÉPUTÉ DE L'INDRE

Le 18 *Mars* 1879.

MONSIEUR LE DÉPUTÉ,

J'ai lu chaque jour avec beaucoup de plaisir dans les journaux avec quel zèle l'Assemblée législative s'occupe de dégrever l'industrie et le commerce des charges d'impôts divers.

Assurément cette bonne volonté a dû lui conquérir les sympathies de tous les gens bien pensants, et cette belle conduite lui vaudra, j'en suis sûr, une bonne note dans l'histoire.

Ces bonnes dispositions de nos Chambres à protéger la classe la plus intéressante, et à accorder toutes les libertés compatibles avec une bonne administration, m'ont suggéré l'idée, Monsieur le Député, de vous signaler un dé-

1

grèvement des plus urgents et en même temps des plus moraux ; car outre que ce dégrèvement doit être réclamé au point de vue de l'équité, il doit encore l'être par une raison bien plus élevée : celle de la liberté et du droit imprescriptible au travail.

Ce qui m'étonne, c'est qu'aucun membre de ces Chambres, qui semblent chercher avec tant de sollicitude à améliorer le sort de cette classe si intéressante des travailleurs, n'ait encore déposé aucun projet de loi pour changer un état de choses aussi peu en harmonie avec les principes du gouvernement qui nous régit ; car, Monsieur le Député, je vous le demande , qui donc a plus de droit à l'estime des honnêtes gens, au respect et à la protection des lois, que l'honnête homme qui travaille et fait travailler?

J'ai très souvent vu écrites les phrases qui suivent, et que je désirerais, pour mon compte, voir en tête des actes civils et administratifs, en remplacement de la formule usitée sous la monarchie : *Le travail c'est la fortune ! c'est la vraie satisfaction de l'homme honnête ! Le travail, c'est la gloire !...*

En effet, qu'est-ce donc qui donne le bien-être et enrichit les cités? Qu'est-ce donc qui procure cette douceur de la vie intime chez l'honnête travailleur ? Qu'est-ce donc qui lui fait goûter avec tant de satisfaction les délices du repos du dimanche au milieu de sa famille ?... Le travail..

Donc, guerre à la paresse, guerre à l'être improductif, car ce dernier est le faux bourdon de la ruche humaine ; il n'a même pas le mérite du faux bourdon de la ruche de mouches à miel, car non seulement il consomme et ne produit rien, mais il est encore au milieu de nous, comme un jalon de mauvais exemple et de discorde sociale. Il est encore quelquefois comparable à ce vibrion dont parle Alexandre Dumas, propre seulement à porter la corruption et le désordre au milieu des familles.

Eh bien, Monsieur le Député, la loi que je vise protège seulement celui-ci au détriment du premier et du plus grand nombre.

N'est-il pas bien temps de faire cesser un état de choses aussi blessant pour l'homme de bien et pour la morale publique ?

Je sais que cette question peut s'étendre très loin, je sais qu'elle touche à une autre question déjà agitée, sur laquelle est établi un revirement complet de notre système d'impositions, mais je crois qu'il est très facile d'en séparer l'article que je vais citer, qui n'entraîne, suivant moi, aucune modification de notre système général.

Je veux parler des impôts directs que paie l'ouvrier de nos villes et de celui que paie pour lui le patron qui l'emploie.

Ainsi, le plus simple ouvrier paie 2 fr. 70 de cote personnelle, comme le millionnaire, de plus une cote mobilière proportionnelle à sa famille, c'est-à-dire que plus il a d'enfants, plus la cote mobilière est élevée; en y ajoutant les centimes additionnels, la somme à payer est en moyenne de douze à quinze francs d'impôts directs.

Quant aux impôts indirects, je n'en parlerai pas, chacun sait que l'ouvrier les paie tous, puisqu'il achète tout ce qui lui est nécessaire, et qu'il l'achète en détail... Et, ce qu'il y a de plus surprenant, c'est que comme je viens de le dire, plus un ouvrier est chargé de famille, plus il paiera d'impôts directs par la cote mobilière, à moins qu'il ne soit inscrit au bureau de bienfaisance comme indigent ; mais pour tout ouvrier qui a l'amour-propre de ne pas tendre la main, ne voulant recevoir que le prix de son travail, celui-là doit payer tout : Donc plus l'ouvrier est foncièrement honnête, plus il sera grevé d'impôts (ceux seulement qui reçoivent les secours des bureaux de bienfaisance en sont exempts, vu que ce sont en majeure partie des vauriens et des paresseux).

Ainsi donc, toujours le même système : Protection aux paresseux au détriment de celui qui veut se soutenir seul par le travail.

Le gouvernement actuel qui, je le crois, est animé de bonnes intentions, semble vouloir perpétuer par ces moyens le système monastique de l'ancien régime qui consistait à donner la pâtée quotidienne à la canaille, comme ils appelaient le peuple, à la condition que celui-ci ne se donnerait même pas la peine de penser.

Je viens d'établir que l'ouvrier qui ne possède rien, qui ne peut même pas donner le strict nécessaire à ses enfants, paie un impôt direct comme le millionnaire.

Égalité devant la loi, me dira-t-on ? — Non ! mille fois non ! il n'y a pas égalité. Que l'on prenne une partie du superflu à celui qui en a, je le comprends : il faut bien que chaque Français participe, dans la mesure de ses forces, à subvenir aux frais d'administration et aux charges qui incombent forcément à l'État ; mais non seulement la loi actuelle n'est juste, ni au point de vue de la sagesse ni au point de vue de l'égalité, mais encore elle est une loi inhumaine... Il m'est très facile de l'établir, elle n'a pour seul mérite que de faire mentir ce vieux proverbe qui dit : « Il est impossible de tondre un diable qui n'a pas de cheveux. » Elle fait qu'en effet, on tond le pauvre diable qui n'a pas de cheveux au profit de celui qui en a de tellement longs, qu'il est souvent un sujet de scandale.

Il serait à désirer que nos législateurs puissent assister à quelques-unes de ces scènes qui se renouvellent à chaque jour chez l'ouvrier laborieux auquel je fais allusion.

Dans le temps où nous sommes où tout ce qui est nécessaire à la vie est d'un prix si élevé, que la journée de l'homme ne suffit plus à donner le strict nécessaire à sa famille, il faut que la femme travaille aussi, elle dont le temps serait à peine suffisant pour l'entretien du ménage

et les soins à donner à ses enfants, il faut qu'elle se mul-
tiplie, il lui faut aussi aller travailler en manufacture ;
et chaque jour je puis voir du seuil de ma porte les scènes
les plus touchantes ! — Le mari est parti au travail à cinq
heures, le matin, et la femme doit commencer à six
heures, mais avant de partir, il faut arracher, c'est le
mot, arracher les enfants du lit, les habiller tout endormis
car il est bien de bonne heure pour de pauvres enfants
qui, le plus souvent, marchent à peine seuls ! mais qu'importe ? il le faut !.. il faut les conduire chez une gardienne
d'enfants à moitié endormis, où ils sont jetés pêle-mêle
dans une vaste pièce avec leurs maigres provisions de
bouche dans un petit panier.

Tous les jours je puis les voir : La mère portant le plus
jeune encore endormi sur ses bras, un et souvent deux
autres plus âgés de un ou deux ans cramponnés à son ta-
blier et la suivant avec peine en pleurant. Mais elle, la
mère, à qui il n'est pas permis de s'attendrir, gronde ferme.
« Le temps presse, six heures vont sonner, dit-elle, et la
porte de la manufacture va être fermée ! »

Enfin elle est au travail ! de combien de pensées amères
ne doit-elle pas souffrir en réfléchissant à la conduite
qu'elle a dû tenir envers ses pauvres enfants : elle n'a
pas même eu le temps de les embrasser, et quand l'aura-t-
elle ?... Jamais !.... Le besoin, ce vampire du pauvre,
duquel la femme est encore plus esclave que l'homme, ne
lui laissera jamais de repos. A-t-elle fini sa journée à la
manufacture, il faut recommencer à la maison; en effet,
cette femme est partie le matin n'ayant eu que le temps de
se vêtir elle et ses enfants ; mais à l'heure du déjeûner, il
lui faut encore le préparer, aussi modeste qu'il soit ; le mari
lui aide bien, mais à combien de choses il ne peut mettre la
main; le plus souvent aussi, elle ne déjeûne qu'en chemin
faisant pour retourner à l'atelier : il lui a fallu faire un

peu de ménage, préparer quelques légumes pour le dîner, qu'elle porte cuire chez le boulanger, et le soir à son arrivée, il faut recommencer de plus belle ; terminer le ménage et penser au repas des enfants pour le lendemain.

Maintenant, voici le dimanche arrivé : le mari pourra prendre un peu de repos, tout en aidant un peu sa femme dans les travaux qui sont à sa portée. Mais elle, la femme, pas une minute à perdre; afin de pouvoir vêtir ses enfants un peu plus proprement que les autres jours, il a fallu être matinale, blanchir, et repasser les effets indispensables, et bien souvent les chemises qu'ils devront mettre ce jour même, puis ensuite nettoyer la maison plus sérieusement, raccommoder et repasser le linge et les effets, pour la semaine.

Le soir est arrivé, et elle s'étonne, cette pauvre mère, que le temps ait passé aussi vite, il lui restait encore tant de choses à faire...

Enfin demain elle recommencera et tous les jours de sa vie seront à peu près de même, et encore bien heureux s'il ne survient pas de maladie, malgré que le cas est un peu prévu : on s'est mis, l'homme et la femme, d'une société de secours mutuels, moyennant le versement de 1 fr. 50 par mois ce qui ajoute encore une privation de plus, il est vrai, mais il faut bien se mettre en garde contre les accidents, quand on a que ses bras pour vivre.

Maintenant, je dois faire connaître le produit de tant de labeurs et de privations : l'homme gagne dans nos villes du centre de 2 fr. 50 à 3 fr. par jour, ce qui établit la moyenne de 2 fr. 75, les femmes gagnent aussi 1 fr. 50 ce qui fait pour les deux 4 fr. 25, par jour, à trois cents jours de travail par année cela donne 1275 fr., de laquelle somme il faut déduire : pour loyer de maison au moins 150 fr. ; chauffage, éclairage et société de secours mutuels 150 fr. ; total 300 fr., à déduire de 1275, il reste 975 fr., somme sur laquelle il faut faire vivre et entretenir en moyenne trois enfants et le père et la mère, ce qui fait cinq : ils auront donc 0,53 c. à dépenser par jour et par personne.

Maintenant, Monsieur le Député, je crois que vous devez être convaincu que cette loi est inhumaine au premier titre, car je vous le demande encore, qui donc oserait dire qu'il est possible de percevoir un impôt direct de quinze francs, sur un père de famille qui, tout en travaillant, comme je viens de le démontrer, n'aura à dépenser pour subvenir à tous les besoins de la vie que 53 centimes par jour et par personne, et encore faut-il en défalquer les maladies et le chômage : et cependant la loi actuelle l'exige, il faut se priver encore de beaucoup de choses utiles pour payer à l'État cette somme relativement énorme de *quinze francs ; et le pauvre diable qui n'a pas de cheveux sera tondu !*

Il me reste à examiner cette loi au point de vue de la Liberté et de l'Égalité.

On a vu ci-dessus, que l'ouvrier paie un impôt bien au-dessus de ses moyens, mais cela ne suffit pas : il est encore perçu sur le même travailleur un autre droit direct presque aussi fort que le premier.

Ainsi, tout industriel qui occupe des ouvriers et ouvrières paie premièrement une patente, qui est la prime du droit accordé à celui-ci de travailler : donc la liberté du travail n'existe pas, puisqu'il faut pour travailler payer un droit.

Il faut encore payer un impôt par chaque ouvrier ou ouvrière qui est de 9 fr. 53 : il en résulte que l'ouvrier paie, tant directement qu'indirectement, le double de ce que paierait un rentier ayant à peu près la même somme à dépenser.

Il est impossible de considérer cette situation autrement que comme une pénalité imposée à celui qui veut faire travailler, aussi il en découle, tout naturellement, que la liberté de travailler n'existe pas ; puisqu'il faut, pour y être autorisé, payer le droit de patente; 2° une somme de 9 fr. 53 par chaque ouvrier et ouvrière occupés ; 3° payer un impôt proportionnel au produit du matériel utilisé et à sa valeur, et 4° payer les impôts des portes et fenêtres de l'atelier exactement comme s'il s'agissait de celles d'un palais, c'est-à-dire : payer le jour indispensable pour travailler.

Pourtant il y a une exception que je dois mentionner ; quand l'industriel est assez riche pour pouvoir faire les affaires sur une grande échelle, avoir un vaste établissement ; alors à ce degré il sera classé comme manufacturier et comme tel il sera dégrevé des impôts de portes et fenêtres.

Mais le petit, celui qui n'a que son travail et sa bonne volonté, celui qui aurait besoin d'appui et de protection pour pouvoir prendre racine et grandir, celui-là c'est le contraire : il devra tout payer. Pas de grâce ! (semble dire la loi), tu veux travailler, tu veux augmenter le bien-être des tiens et de ton pays, tu vas me payer cela ! »

N'est-ce pas l'écrasement du faible au lieu de la protection qui lui est naturellement due.

Je ne puis m'empêcher de citer cette curieuse anomalie:

Le travailleur, comme je viens de le dire, doit payer tous les impôts pour avoir le droit de faire travailler ; mais qu'un riche propriétaire prenne la fantaisie, dans le but unique, — cela se voit — de se faire une popularité pour poser sa candidature à la députation, par exemple, prenne la fantaisie, dis-je, de faire travailler un certain nombre d'ouvriers pour faire des travaux d'amélioration dans sa propriété, qu'il les occupe plusieurs années, l'argent qu'il aura dépensé restera bien en valeur dans sa propriété, mais il ne payera ni la patente, ni l'impôt en rapport avec le nombre d'ouvriers employés par lui.

Pourtant si ce même travail avait été confié à un chef ouvrier, celui-là aurait eu à payer la patente et tous les autres impôts qui s'y ajoutent en pareil cas : pourquoi cette différence ? pourquoi ces deux poids et ces deux mesures ? pourquoi ?... parce que le propriétaire dont je parle est riche et que la loi ne veut pas que l'on touche à l'avoir de celui qui n'a pas besoin de travailler.

Mais si ce propriétaire, dans un but intéressé, a rendu service en faisant travailler pendant quelque temps un certain nombre d'ouvriers, au point de se faire une popularité, bien qu'il ne soit qu'un spéculateur favorisé par la loi, puisqu'il a eu le bénéfice de la direction de son travail et que de plus il n'a point payé d'impôts spéciaux, comme aurait eu à le faire un chef ouvrier ; si malgré tout cela il a pu se faire une popularité, combien le pays et l'État ne devraient-ils pas de reconnaissance à quelques industriels qui font vivre et enrichissent une cité, en allant chercher dans toutes les parties de l'Europe, au prix d'une infinité de tracas et de risques, le travail indispensable à cette population qui se croit en droit de l'exiger d'eux.

A ceux-là l'État semble répondre par sa loi : « Ils n'ont droit à rien ! c'est déjà bien assez qu'il leur soit permis d'exercer leur profession en toute liberté (moyennant, il est vrai, qu'ils paient un droit fixe très lourd, sans compter tous les autres droits qui viennent se greffer sur le premier : les uns étant la conséquence de l'autre).

Ainsi, en résumé, l'État semble dire à l'homme actif, intelligent et animé de bonne volonté : « Tu veux travailler toi, tu veux augmenter le bien-être de ton pays ! eh bien ! tu vas me payer cela ! A moi tout l'arsenal des lois dont je dispose : les amendes vont te pleuvoir sur le dos sous forme d'impôts, jusqu'à ce que tu en sois éreinté. »

Tandis qu'à l'autre, le paresseux, l'être improductif, le faux bourdon de la ruche, le jalon de discorde, le vibrion

agent de la destruction humaine, à celui-là, l'État semble
dire : « Viens, toi, mon fils bien–aimé, tu ne veux rien
faire, tu es un être nul comme production, eh bien ! à toi
tous les privilèges, à toi toute la protection de mes lois ! »

Et c'est à la fin du dix–neuvième siècle et sous un gouvernement républicain que cela se pratique ; sous ce gouvernement qui, en tête des actes civils et sur tous les
monuments nationaux fait écrire en gros caractères :
Liberté, Égalité, Fraternité.

Voilà, Monsieur le député, l'exposé restreint des motifs
qui m'ont déterminé à vous écrire, j'ose espérer que vous
les croirez dignes d'être pris en considération et ferez
alors ce qu'il est nécessaire de faire en pareil cas.

C'est dans cet espoir, etc.

Mon ami m'ayant communiqué la lettre qui précède en me laissant toute latitude d'en faire tel usage qu'il me plairait ; cette lettre m'ayant suscité des pensées qui ne m'étaient pas venues jusqu'à ce moment et ayant été frappé de la justesse des idées qu'elle renferme, j'ai pris le parti de la publier en y ajoutant quelques réflexions qui, je le crois, seront bien accueillies des électeurs sincèrement républicains.

Quelques personnes, peu clairvoyantes, ou point convaincues, pourront m'accuser de nuire au gouvernement au profit de ses ennemis ; à ceux-là je répondrai simplement : « Regardez seulement le fond de ma pensée, ne faites pas de politique et vous comprendrez qu'il n'y a pas un autre moyen d'arriver à établir un gouvernement réellement républicains sans l'appuyer sur cette base.

Ceci-dit, j'arrive à mon sujet et je pose cette question : Peut-on établir une République sans républicains ? — Je réponds non ?...

Lorsque l'on veut élever un édifice, il faut commencer par établir solidement les fondations ; la base étant bonne si le reste du travail est bien conduit, il y a certitude que l'édifice pourra avoir des siècles d'existence : mais personne ne contestera qu'il en serait le contraire si l'édifice était fait en très bons matériaux, bien construit, et qu'il fût établi sur un sable mouvant ; il arriverait inévitablement que la couverture, fût-elle en métal précieux, n'empêcherait pas l'édifice de s'écrouler à courte échéance.

Ce petit tableau est tout simplement l'emblème exact de

notre gouvernement républicain actuel : on prétend cou-
ronner prochainement l'édifice et on a omis de planter la base.
Et cela, à qui la faute ? la réponse est très simple. En par-
lant par comparaison, je dirai ceci : « Quand on veut cons-
truire, on commence par faire un plan et se pourvoir de
maçons : de même pour établir un gouvernement républicain il faut aussi avoir un plan, et chose à ce qu'il paraît.
beaucoup plus rare, avoir des républicains !...

Quant au plan, il existe depuis longtemps et il est bien
connu, l'année 1789 l'a gravé de main de maître dans
l'histoire, malheureusement les hommes dévoués qui
l'avaient conçu et mis à exécution ont promptement été
emportés par la tourmente révolutionnaire, avant qu'ils
aient pu compléter leur œuvre ; ceux-là étaient le
digne terrain dans lequel avaient germé les idées
émises par deux hommes à jamais illustres : — Voltaire
et Jean-Jacques Rousseau...... D'autres leur ont succédé
qui ont couvert de sang les traces brillantes de ce plan
magnifique ; puis est venu un génie despote qui a détruit
le plan autant qu'il était humainement possible de le faire ;
et renversé les fondations déjà solidement établies, pour
mettre à la place le monument de son invention, qui n'a ré-
sisté que ce que résiste tout monument établi sur de pareilles
bases, quoiqu'avec grands frais de renforts et de replâ-
trage.

Cinq gouvernements ont succédé depuis à celui-là, tous
ont succombé par le même vice. — Mal établi par la base !
Je ne cite que pour mémoire les gouvernements monar-
chiques, que je ne mets point en comparaison avec la
République, le seul gouvernement possible désormais chez
un peuple réellement éclairé et doué d'un sang aussi vif et
généreux que le peuple français.

Mais pour l'établir, ce gouvernement tant rêvé par nos
pères, hommes grands et généreux qu'on a appelés des

utopistes, il ne manque aujourd'hui que des législateurs dignes de ceux dont ils tiennent la place : Des hommes des États-Généraux de 89. — L'électeur républicain est en grande majorité ! Il est honnête et convaincu lui, il espère sincèrement qu'on lui donnera le gouvernement de son choix, malheureusement il se trompe, il nomme des délégués mais non des représentants.

On va peut-être se récrier, dire que nous avons à la Chambre beaucoup de républicains ! On pourra même citer M. Leconte comme l'un des plus sincères (je l'ai cru moi-même un moment). Malheureusement j'en connais beaucoup d'autres comme lui : députés ou aspirant à l'être. Sont-ce là des républicains sincères ? Non, je ne le crois pas !...

Que faut-il donc penser du républicanisme de M. Lecomte, député de l'Indre ? En sa qualité de représentant et d'homme politique, mon ami, lui ayant adressé au mois de mars 1879 la lettre qui précède et qui fait l'objet de la présente brochure, M. Leconte n'a pas daigné répondre, même par un accusé de réception. Niera-t-il l'avoir reçue ? Cela est impossible, elle lui a été adressée en lettre recommandée, et le reçu de la poste atteste la réception ! Se cachera-t-il derrière ce dire qu'il n'est pas le représentant de l'électeur qui lui a écrit, n'étant pas de son arrondissement ? Ce serait par trop pitoyable ! et en dehors de cela, Monsieur Leconte se croit-il donc, en sa qualité de député, hors d'obligation d'user de politesse envers celui qui lui en fait sans doute plus qu'il ne mérite ; il est d'usage général de répondre à toute lettre polie, ne fût-ce que par un accusé de réception, ce que Monsieur le député, soit disant républicain, n'a pas cru devoir faire. Sans doute son républicanisme s'est effarouché à la lecture d'idées aussi généreuses et à la pensée d'applications de principes aussi légitimes que ceux qui consistent à dégrever le pauvre, dont il se dit le représentant.

I l trouve sans doute beaucoup plus commode de se taire espérant, comme toujours, que chacun ferait de même, et qu'il lui suffira de se mettre en évidence comme président, ou membre de plusieurs sociétés à banquets périodiques et à réclame électorale, ce qui lui permet de lire des discours où il y a de tout, sauf de la précision et de la clarté ; on dit aussi que cela lui sert à mettre à jour la poésie inédite dont il est l'auteur ! Tout ceci est bien beau mais sent plutôt le charlatan que le législateur !

Et ce sont là les hommes de qui on attend la régénération ! Pauvre ! pauvre France ! où sont-ils tes hommes sincèrement dévoués et si vaillants ? C'est le cas de dire sur son ton lamentable ce refrain d'Erckmann-Chatrian, qui se termine ainsi : « Ils sont sous terre !... »

Pour mon compte personnel, j'aime beaucoup mieux des Mirabeau car si celui-là était viveur et sensuel, il était grand et généreux par instants ; son premier pas dans la vie politique a été d'un dévouement et d'un courage incommensurables pour l'époque. Où sont-ils ceux qui feront de même aujourd'hui malgré le progrès ?

J'arrive maintenant aux idées émises par mon ami dans sa lettre écrite à Monsieur Leconte, et dont j'accepte toute la responsabilité. Cette lettre date d'environ dix-huit mois; depuis cette époque j'ai eu occasion de confirmer bien des fois que j'étais dans l'erreur, moi qui croyais avec sincérité aux hommes, et par eux à l'avenir heureux de mon pays. J'ajouterai même que sur ma recommandation cette lettre a été adressée à plusieurs journaux, entre autres l'*Ordre Républicain* de l'Indre et à un journal radical de Paris : c'était un excellent moyen pour apprendre à connaître certains hommes qui se servent de cette voie pour exploiter la bonne foi du lecteur qui croit sérieusement que l'écrivain est convaincu de ce qu'il dit. Celui-ci, au contraire, n'aborde presque jamais les questions de principe et de fond : il aime mieux le terrain vague des redites à grand effet, il est moins facile de le prendre en flagrant délit de contradiction avec lui-même.

Le Journal l'*Ordre Républicain* avait pour rédacteur politique M. Périgois, aujourd'hui préfet républicain (tout naturellement).

Quelque temps après on demanda au gérant du dit journal s'il publierait cette lettre ? Il s'empressa de répondre que oui, attendu que cette lettre était tout à fait en harmonie avec sa manière de penser, mais qu'il avait dû l'envoyer à son rédacteur politique, M. Périgois, et qu'aussitôt qu'elle serait revenue, il l'insérerait. Je ne suis pas maître, ajouta-t-il, c'est le directeur politique qui gouverne. Mais votre directeur renverra-t-il la lettre, a-t-on répliqué ? Oh ! s'est empressé de s'exclamer le gérant, certainement ! Et le gérant attend encore la lettre pour l'insérer...

Donc, les deux républicains et hommes politiques, M. Leconte, député, et Périgois, préfet, se valent. Ne comptez point sur eux, électeurs républicains, et vous ne serez point déçus.

Quant au journal radical de Paris, le rédacteur a été plus poli que les deux autres : il a répondu en remerciant et ajoutant force félicitations, disant qu'il s'empresserait de publier la lettre ; mais comme l'*Ordre Républicain,* il s'est empressé de n'en rien faire.

Voilà comme les idées grandes et généreuses au temps où nous vivons sont accueillies par les hommes qui nous disent audacieusement : « Nous sommes tout dévoués à la cause du peuple et du progrès. »

Une autre circonstance m'a permis d'apprécier aussi un autre Député, non moins républicain que M. Leconte et beaucoup plus haut placé comme homme politique, représentant parisien, et président de plusieurs commissions, siégeant à la gauche extrême, homme populaire s'il en fût, bon, généreux, à la diposition de tous, dit-on ; mais gardez-vous bien d'avoir besoin de ses services, vous pourriez faire antichambre fort longtemps, tout en étant muni de recommandations de premier titre : Il est moins accessible que les ministres de toutes les monarchies, quoiqu'il soit avocat. Sa grandeur populaire ne reçoit que deux fois par semaine, de neuf heures à onze heures seulement, et presque toujours vous ne parlez qu'à son secrétaire, qui vous répond entre deux bâillements sonores : « Votre affaire me paraît un peu longue, et je n'ai pas le temps ; veuillez donc me fairé parvenir les détails par écrit, et l'on avisera. »

Ce sera une exception si l'on vous répond, après avoir écrit plusieurs fois en vain, si vous vous impatientez et si vous entreprenez le voyage de Paris, afin d'aller faire le siège de la porte du grand démocrate, le même secrétaire vous répondra en bâillant: « Je... ne me... souviens pas !... A qui avez-vous parlé?—Mais à vous, répondra-t-on un peu vivement. — Vous a-t-on écrit ? répondra l'homme du grand homme. — Mais non, direz-vous, c'est même ce dont je me plains. Oh ! alors ! ajoute-t-il, c'est que l'on ne s'est pas occupé de votre affaire. — C'est très fâcheux, Monsieur, répliquez-vous, mais alors rendez-moi mes pièces ! — Vos pièces, répondra-t-il d'un air surpris, mais, Monsieur, je n'ai point connaissance de les avoir vues... » Vous attestez et donnez des preuves. «Alors, répond le beau secrétaire, comme en sortant d'un rêve, alors, elles ont été mises au feu....» Et voilà....

Avec cela si vous n'êtes pas satisfait, vous serez bien difficile. A ceux qui désirent en essayer je leur dirai : « Adressez-vous rue Mazagran, n° 7, à M. H. Brisson.»

Avec cela peut-on s'étonner que le progrès marche si lentement.

Je ne cite que trois noms, parce que ceux-là sont bien connus, et qu'on peut s'en rapporter à l'échantillon, quand il est pris au beau milieu de la pièce, comme celui-là.

Et ces Messieurs s'étonnent et se fâchent quand il est question du mandat impératif ; leur conscience semble se révolter devant aussi peu de foi dans leur sagesse.

Les hommes des États généraux de 89, qui sont devenus les membres de l'Assemblée Nationale n'ont pas rougi, eux, d'être porteurs des cahiers de bailliages, qui n'étaient autres que des mandats impératifs ; ceux-là seuls ont fait leur devoir : les temps étaient autrement difficiles qu'aujourd'hui, ils avaient à lutter contre un gouvernement autocratique et contre une nation ignorante : tout était à faire, aussi avec leur sagesse et leur énergique bonne volonté ont-ils pris les choses par la base, c'était le moyen de parvenir à établir sérieusement des réformes durables.

Je n'ai pas l'intention de faire ici un cours d'histoire, mais je ne puis me dispenser de citer les grands principes de cette admirable révolution, qui devrait être la base du gouvernement dont nous avons aujourd'hui seulement le nom, ces grands principes qui n'ont été réfutés par personne, et qui ne sont pas réfutables. En effet, qui donc oserait dire qu'un gouvernement acceptant pour base sincère la liberté et l'égalité pour tous, dans ce qui est pratique, n'est pas le gouvernement que chacun doit défendre avec empressement, à moins d'être idiot ou crétin.

C'est ici le cas de citer les vers si énergiques déclamés à la tribune de l'Assemblée Nationale après la fuite de Louis XVI.

« Si parmi les Français il existait un traître !
Qui regrettât ses rois et qui voulût un maître !
Que le perfide meure au milieu des tourments
Et que sa cendre abandonnée au vent

2

Ne laisse ici qu'un nom plus détesté encore,
Que le nom des tyrans que l'homme libre abhorre ! »

En effet, quoi de plus réellement enviable, au point de vue du bien-être général et de la concorde fraternelle, que cette base que l'on ne peut se lasser de citer : Liberté, Égalité !

Mais que doit-on faire pour arriver à ce résultat ? Une chose bien simple, il me semble, pour des hommes placés à la tête du gouvernement, dévoués et sincèrement honnêtes, et pour des législateurs dignes de ce nom : copier textuellement les hommes déjà cités de l'Assemblée Nationale de 89, et comme point de départ présenter le projet de loi de Monsieur Laroche Joubert.

En 1868 voulant à tout prix reconquérir la puissance qui lui échappait et, comme il le disait, mettre le couronnement à l'édifice, l'empire avait proposé à l'Assemblé de réviser le système d'impositions. Alors, Monsieur Laroche Joubert déposa ce projet de loi qui se composait de 2 articles : Article 1er, Abolition de l'impôt. — Article 2º, Rétablissement de l'impôt, mais sous une autre forme. Et cette forme il la développa d'une manière très large et avec tant de puissance d'argumentation, que pas une interruption ne se fit entendre, malgré qu'il eût contre lui au moins les neuf dixièmes de la chambre.

Son projet n'était autre que celui de l'impôt, à peu près unique et proportionné sur l'avoir de chacun. Il critiqua, avec justice, le mode actuel qui consiste à faire payer celui qui travaille et ne possède rien, pour exempter le riche. Il critiqua aussi avec tant de talent et d'autorité la confection du cadastre au profit du propriétaire, qu'il fut décidé qu'il serait révisé ; mais il n'en fut rien fait, comme toujours, en pareil cas.

Voilà le vrai point de départ de l'égalité des citoyens devant la loi, c'est là la grosse pierre d'achoppement, où tout viendra se heurter, tant qu'on n'aura pas fait disparaître une irrégularité aussi criante, qui fait que quoi qu'on fasse pour établir un gouvernement républicain durable sans cette forme, tout sera à recommencer, de là ressortant la seule base sérieuse de liberté et d'égalité.

En effet, quelle est donc la vraie liberté essentielle et primordiale, si ce n'est celle qui permet de travailler sans entraves, d'avoir la libre circulation dans son pays, de créer tel ou tel commerce et industrie qu'il plaît, en harmonie avec les bonnes mœurs, sans avoir à subir tout l'arsenal des lois en vigueur actuellement, qui sont une entrave formidable et vexatoire, dont voici un aperçu :

Toute personne qui crée un établissement quelconque, doit, pour ainsi dire, en avoir obtenu l'autorisation du directeur des contributions, par le droit de patente, que chacun est sensé avoir payé avant de s'établir.

Le sens du mot patente veut dire : titre qui confère le droit d'exercer uu métier ou un état.

Ainsi, si la loi était appliquée dans toute sa rigueur, il faudrait, avant d'ouvrir un magasin ou une industrie quelconque, s'être fait délivrer cette patente et acquitter le droit, sous peine d'être poursuivi et condamné à l'amende.

Mais, ce qui n'a pas lieu pour tout commerçant à domicile est parfaitement mis en pratique pour tout commerce ambulant.

Qu'un ouvrier sans travail, par exemple, afin de se procurer un moyen d'exister passagèrement, obtienne d'un négociant quelques articles à vendre sur la place, il est obligé pour ce faire, de prendre une patente, sans quoi le commissaire de police pourra, et cela se fait tous les jours, saisir sa marchandise et lui déclarer procès-verbal, ou tout au moins lui interdire la vente de cette marchandise, jusqu'à ce qu'il présente une feuille de patente constatant

qu'il a obtenu l'autorisation et acquitté le droit, attendu
que la loi s'exprime ainsi : « Tout commerçant devra, à
toute réquisition de l'autorité compétente, montrer une
feuille de patente, constatant qu'il a obtenu le droit
d'exercer, et qu'il a payé la tax e. »

Voilà, messieurs les électeurs, la liberté dont nous jouissons ; l'ouvrier dont je parle aurait pu, grâce à la confiance
que lui accordait le négociant, trouver là un moyen d'exister pour lui et pour sa famille, en attendant la reprise
du travail ; mais s'il n'a pas l'argent nécessaire, pour
payer le droit de patente, il devra s'abstenir. Oui, s'abstenir, mais il faut manger et je n'ai pas d'autres ressour-
ces, dira l'ouvrier ! — Que m'importe ? semble répondre la
loi. Je ne protège que celui qui ne fait rien, alors ne fais
rien ! — Et vivre ? répond l'ouvrier. — Alors, vole ou men-
die : voilà l'alternative que je te laisse.

Veut-on établir un commerce de vin en détail : il faut
non seulement demander la patente, mais il faut encore
obtenir l'autorisation préfectorale, qu'on peut toujours
refuser, sans même en faire connaître le motif (on peut
avoir ses protégés).

A-t-on obtenu l'autorisation préfectorale et la patente,
il faut encore demander une licence à la régie (autre
genre d'autorisation qui vous sera accordé moyennant
paiement).

Donc il faut acheter le droit d'exercer quelque profession
que ce soit.

Ayant obtenu toutes ces autorisations, vous aurez alors
le droit de faire le commerce de liquides alcooliques, soit en
gros ou en détail, à la condition cependant, que vous tien-
drez votre porte ouverte à toute heure du jour aux employés de dame Régie, qui pourront venir exercer la vérification de vos ventes et votre avoir en magasin, quand bon
leur semblera, dans le but, comme toujours, de vous faire

payer le droit de débit : droit encore en sus de ceux énumérés plus haut. En plus de cela lesdits employés peuvent aussi, à leur gré, faire une perquisition, non seulement dans vos magasins, mais même dans votre habitation particulière, dans vos meubles, armoires, placards (etc); en un mot, il fouilleront partout où bon leur semblera, dans l'espoir de vous trouver en contravention avec la loi du fisc.

Quant au simple consommateur, il a toujours le droit d'acheter du vin mais non de le transporter sans aucune autorisation qui se délivre en payant, bien entendu. Ainsi, pour transporter un hectolitre de vin de chez mon voisin le vigneron, il n'y a qu'un mur qui nous sépare, je dois aller au bureau de la régie me faire délivrer un laisser-passer, que je paierai 2 fr. 10, et autant de fois que le même vin changera de propriétaire, il faudra payer le même droit ou autorisation de mouvement, soit 4 fr. 20 par barrique. 11 en est de même pour changer de domicile, il faut une autorisation pour déménager tout liquide alcoolique.

Trouvera-t-on que c'est de la liberté cela ? Si oui, je déclare ne pas savoir distinguer la liberté du plus pur esclavage, et j'en passe des plus belles ! Tous les gouvernements se sont aussi prévalus, et le gouvernement actuel en tête, de protéger le commerce, l'industrie et surtout l'agriculture ; aussi on ne manque jamais l'occasion, lorsqu'elle se présente, soit par un concours régional, réunion de comices agricoles quelconques, inauguration de chemin de fer ou autres, de dépêcher soit un membre du gouvernement, soit un autre représentant qui a pour mission de pleurer dans le gilet de l'agriculteur, il termine généralement d'un ton ému : Vous savez, Messieurs, avec quelle sollicitude le gouvernement s'occupe d'améliorations intéressant l'agriculture, aujour-

d'hui, plus que jamais, il est disposé à d'immenses sacrifi-
ces et ne reculera devant rien pour seconder les efforts de
cette classe si intéressante, si laborieuse et si sage.
(*Bravos très prolongés !*) L'orateur en reprenant la pa-
role ajoute : Les années qui viennent de s'écouler ont vu
faire d'immenses développements des voies de communi-
cation, d'autres travaux plus importants sont à l'étude,
le gouvernement en pressera activement l'exécution ;
d'ici peu d'années des canaux, des lignes de chemins de
fer et des lignes de tramways sillonneront notre riche
contrée, y apporteront par leurs moyens de transport le
bien-être et la fortune !!... (*Des bravos couvrent la voix de
l'orateur.*) — Ces discours sont très usités, au moment des
élections surtout. —

Maintenant, messieurs, en terminant je vous dirai ce
que beaucoup d'entre vous n'ignorent pas, sans doute,
qu'une proposition de dégrèvement de l'impôt foncier
vient d'être déposée par le gouvernement. Le chiffre de
ce dégrèvement pourrait être d'environ trente millions de
francs · c'est surtout au point de vue de l'agriculture que
ce projet a de l'importance ! D'autres propositions analo-
gues vont être faites incessamment, autant que les res-
sources du gouvernement le permettent. »

Cette dernière partie du discours a été accueillie assez
froidement, les bons cultivateurs s'en vont en disant :
« Je m'en fiche pas mal de son dégrèvement du foncier ;
il est vrai que je paie l'impôt de la propriété dont je suis
le fermier, mais cela rentre en ligne de compte dans
l'importance du prix de fermage, et aussitôt que possible
mon propriétaire sachant que je paie moins d'impôt foncier, va m'augmenter d'autant, et peut-être du double,
de sorte que c'est lui qui en aura tout le bénéfice ; tandis
que moi j'aurai seulement tendu le dos pour qu'on y
casse du sucre et n'en mangerai point ! » Oh ! ils sont ma-

lins nos législateurs, étant tous plus ou moins propriétaires fonciers, ils travaillent pour eux.

Maintenant, examinons un peu la position de ce bon
cultivateur, envers qui le gouvernement est animé de si
bons sentiments, en faveur duquel chacun en particulier
semble être disposé à délier les cordons de sa bourse.

La récolte en betteraves et pommes de terre a été bonne
et chacun sait que la pulpe après distillation de l'eau-de-
vie qu'elle contient est aussi productive, sinon plus qu'a-
vant, pour la nourriture des bestiaux. Enhardi par les
encouragements qu'il a reçus, snrtout de la part du gouvernement, notre cultivateur va monter une distillerie ;
ce sont de grands frais, mais il sait que l'eau-de-vie qu'il
va en retirer est encore extraite de la terre et qu'elle aurait été perdue, s'il n'employait ce moyen ; la vente en
sera toujours facile puisque cela ne coûte rien en plus que
le travail, on peut vendre à bas prix au besoin.

Oui, mais ce brave cultivateur paraît avoir oublié les
droits de dame régie, elle va venir s'installer à son domicile. Nuit et jour un ou plusieurs employés, qu'il sera
obligé de loger, seront là pour le surveiller, heureux encore si ceux-ci ne sont pas de trop mauvais coucheurs,
comme l'on dit vulgairement à la campagne, car dame régie
est un des membres du gouvernement, de ce gouvernement
si protecteur de l'agriculture (il faut qu'il vive, ce gouvernement, et il ne vit pas de peu, fût-il même républicain,
comme celui que nous avons le bonheur de posséder).

Alors dame régie va étendre sa terrible tentacule, (par
comparaison avec la pieuvre) et ouvrir ses larges suçoirs
sur son industrie, de sorte qu'il faudra que l'année soit
bien bonne, si elle lui laisse une toute petite part de bénéfice. Elle ne connaît point les ventes difficiles ou non
productives, elle perçoit d'abord sa part, qu'importe
s'il ne reste rien au cultivateur ou s'il est en perte.

Voilà la protection que ce bon gouvernement vous accorde, si vous n'êtes pas satisfait, vous êtes vraiment bien difficile.

Vous allez sans doute vous récrier, dire qu'on vous plante là des espions qui vous suivent de l'œil partout, que vous n'êtes plus maître chez vous ; cela est vrai, mais que voulez-vous, il faut des revenus à l'État, ce n'est pas de la liberté, cela est vrai, mais si l'État ne percevait pas de force, vous ne lui offririez point ? Assurément non, répond le cultivateur ! Comment ! je n'ai pas le droit de faire manger à mes bestiaux mes betteraves crues ou cuites, d'en extraire le suc ou non, sans qu'on vienne me censurer et me faire payer des sommes relativement fabuleuses, pour cela me ruiner, quand cette exploitation pouvait faire ma fortune. Est-ce que ces betteraves ne sont pas ma propriété entière, pour que je ne puisse pas en disposer à ma guise ; il faut donc que je laisse perdre un produit qui m'est des plus avantageux, à tous les points de vue, sous peine de m'exposer à donner tout le bénéfice à l'Etat, ou même à me ruiner, si ce bénéfice ne suffit pas à satisfaire l'exigence de sa loi ?

Est-ce que je ne paie pas, comme tout le monde mes impôts : cote personnelle, cote sur l'importance de mon exploitation et sur mon personnel, sur mes chevaux, voitures et même sur mes chiens ?

Que l'on m'impose sur le bénéfice réalisé, je le comprendrais encore, mais entraver le développement de mon industrie agricole, m'empêcher d'en tirer tout le produit qu'elle comporte !

Si c'est là la protection que l'on entend accorder à l'agriculture, oh ! alors, je m'en passerais bien volontiers de cette protection !

Sont-ce là toutes les entraves à la liberté commerciale, industrielle et agricole ? Non ! le cultivateur étant obligé de transporter toutes ses denrées et céréales à la ville, rencontre bien d'autres obstacles et vexations de par la loi.

Il existe surtout dans l'arsenal des antiquités cette loi appelée octroi, cette magnifique invention conservée intacte après avoir traversé tant de révolutions qui, toutes, auraient dû avoir pour but de renverser une pareille institution, tandis qu'elle n'a même pas changé de nom... Octroi !

Comme ce mot sent le vieux régime, ne vous semble-t-il pas à propos de ce mot entendre lire une ordonnance royale disant à peu près ceci :

« De par notre volonté souveraine autorisons et octroyons le sire baron de... (etc.) (etc.) et exigeons qu'il en soit fait ainsi, car tel est notre bon plaisir.

» Fait en notre palais de Versailles, le quinzième jour du mois d'avril 1635. »

Maintenant, examinons quels sont les bons effets de cette loi du fisc, que, malgré tant de progrès, on n'a pas encore pu remplacer. Tous les gouvernements, quel qu'en soit le nom, ont toujours voulu, quoi qu'ils en disent, faire payer l'impôt au travailleur et à celui qui ne possède rien ; or, pour y arriver, il faut employer les petits moyens ; on appelle cela les impôts indirects sur lesquels je ne m'étendrai pas plus pour le moment, ayant l'intention d'y revenir en examinant les impôts en général.

Quant à cette bonne agriculture, celle-là même qui est toujours l'objet des préoccupations de tous les gouvernements, leur fille préférée et gâtée, celle qui fait les frais de tous les discours officiels et électoraux, elle n'a pas mal à en souffrir.

Ainsi, l'agriculteur arrivant en ville est arrêté au bureau d'octroi et littéralement fouillé avec toute l'attention possible attendu qu'il doit payer pour le foin et l'avoine

apportés pour son cheval, ainsi que presque pour toutes
les denrées qu'il rentre en ville. Pour tout ce qui doit seulement traverser la ville, il faut prendre un laisser-passer,
en déclarant à quel bureau cela devra ressortir, et en
payant le droit, tout naturellement, car toute cette magnifique organisation n'a pas un autre but que d'extirper
l'argent de la poche du travailleur, au moyen d'entraves
et de vexations de toutee sortes. L'employé est dans l'obligation de tout visiter, il ne doit avoir confiance en personne, il doit faire ouvrir coffres, malles, paquets et tout
ce qui a apparence de renfermer quelque chose soumis
au droit d'entrée ; sonder les chargements volumineux à
l'aide de longues piques de fer, et faire décharger, s'il a
doute de fraude, percer les fûts contenant des liquides et
goûter le contenu. S'il se présente au bureau un troupeau
de bestiaux quelconque, il faut s'arrêter pour compter
chaque tête, ne fût-ce que pour prendre un laisser-passer
et recommencer encore au bureau de sortie, pour constater que le nombre entré est bien ressorti et si une seule
tête manquait, fût-ce même par erreur, il serait déclaré
procès-verbal de fraude à l'octroi et l'employé ne connais-
sant pas le conducteur, aurait le droit de mettre le troupeau en fourrière ou d'exiger une autre garantie valable.

Il en est de même pour toute personne rentrant en ville.
Tout doit être soumis à la vérification des employés, qui
sont plus ou moins convenables ou complaisants. Si plusieurs personnes arrivent à la fois au bureau, il faut naturellement attendre son tour d'être visité, quelque temps
qu'il fasse et quelque pressé que vous soyez d'arriver.

Les tarifs d'octroi sont faits par les conseillers munici-
paux, le plus souvent gens forts incompétents ; il en résulte beaucoup d'articles non prévus, et une multitude de
défauts de détail, ce qui oblige les deux intéressés à beau-

coup de pourparlers et à même des discussions pour l'interprétation ou l'application des droits d'entrée.

Ajoutez à cela le travail de mesurage et cubage de tous matériaux soumis au droit, les erreurs possibles et quelquefois la presque impossibilité ou même l'incapacité, et chacun s'obstinant et voulant être dans le vrai.

En résumé, qu'en résulte-t-il ? une gêne très considérable, beaucoup de vexations et d'abus et une perte énorme pour le commerce des villes, attendu que tout producteur cherche à éviter les droits à payer et encore plus cette perquisition blessante lors de l'entrée en ville. Il suit de là que nos marchés diminuent de beaucoup d'importance, relativement à l'augmentation formidable de la production, les plus forts agriculteurs n'amènent rien au marché, tout est vendu à domicile, ou sur échantillon, même la volaille et les menues denrées.

Je connais des femmes de cultivateurs qui, pouvant par un autre moyen vendre les produits de la ferme, ne viennent pas en ville trois fois par année !

Qu'en résulte-t-il ? Que l'on s'abstient d'acheter beaucoup de choses qui paraîtraient indispensables ; des vêtements, par exemple, seraient renouvelés pour cause de saison et de mode, tandis que chez soi tout est bon, pourvu que l'on n'ait ni trop chaud ni trop froid. J'ajoute que la vue de beaucoup d'objets nouveaux et utiles tente qui les voit, et fait qu'on les achète ; puis vient le goût du beau et du commode, ce qui excite à beaucoup de dépenses qui profitent au commerce et au producteur.

Et au point de vue de la liberté, est-il possible de laisser exister pareille contradiction ? Au bureau d'octroi j'ai été obligé de me soumettre à la perquisition de l'employé aux armes de la ville ; il a usé avec moi de tous les droits que lui confère la loi, rien n'a été épargné : coffres de voiture, sac de voyage, caisses, paquets ; tout a dû être délié et

décloué ; enfin j'ai dû acquitter les droits, après avoir dis-
cuté encore l'interprétation des articles du tarif ; j'avais
assurément raison, mais fallait-il venir devant Monsieur
le juge de paix pour une aussi faible somme ? j'ai préféré
payer pour en être débarrassé plus vite, ce que chacun
fait en pareil cas, mais on peut juger de la disposition de
mon esprit dans cette circonstance.

Aussi, arrivant sur la place où je vois écrit en gros caractères sur la façade de la mairie : *République française :
— Liberté, Égalité, Fraternité*, je ne puis m'empêcher
de murmurer tout haut : Voici le mensonge le plus audacieux que l'on puisse imaginer ! Oui, la République
existe de nom, mais la liberté, la première base de ce
gouvernement existe-t-elle ? Aux portes de la ville vous
mettez en pratique le démenti le plus formel à ce que vous
affichez sur vos monuments publics. Allons, hommes du
gouvernement et administrateurs des villes, essayez donc
de vous mettre en harmonie avec vous-mêmes, supprimez
vos inscriptions si vous ne pouvez les mettre en pratique,
ne serait-ce qu'au point de vue de la moralité ; n'affichez
pas un mensonge aussi frappant : Liberté, dites-vous, elle
est superbe votre liberté : vous me fouillez quand je veux
franchir la porte de vos villes, vous voulez savoir qui je
suis, ce que je porte et quelle destination je donne à ces
objets ; vous me livrez à l'indiscrétion de vos agents, et
vous me faites payer un droit pour entrer dans vos cités
ou pour les traverser, et vous appelez cela de la liberté ?...

Cessez, je vous prie, de narguer ainsi les gens, on croirait que vous n'affichez ces mots que pour arrondir la
phrase. Comme dans cette pièce ridicule du Palais-Royal
intitulée *Gavaud, Minard et Cie*, la Compagnie n'existe
pas, c'est seulement pour arrondir la phrase qu'on a
ajouté cela. Vous semblez faire de même : République
française ne suffit pas, il faut, pour arrondir la phrase :

Liberté, Égalité, Fraternité ; cela fait mieux, mais quant à la pratique, vous n'y pensez point. Outre les bienfaits agréables que procure la pratique de cette loi aimable de l'octroi, à combien d'abus ne se prête-t-elle pas ?

Ainsi, un voiturier est autorisé par l'usage, probablement, lorsqu'il transporte du vin, est autorisé, dis-je, à en tirer pour se désaltérer en présence de l'employé d'octroi, l'employé étant lui-même autorisé à goûter tout liquide passant la barrière.

Je ne veux rien ajouter de désobligeant pour les deux, mais quel abus pourrait résulter de cette coutume ? Cela me rappelle qu'il y a environ deux ans, je me trouvais à flâner devant le bureau d'octroi de Bourges, en face la gare des voyageurs, lorsqu'un camion chargé s'arrêta pour faire vérifier ses lettres de voiture et marchandises.

Je vis s'approcher du camion un employé d'octroi armé d'un long ciseau et d'un marteau ; cet employé tira à lui une caisse pouvant bien mesurer un demi-mètre cube, très solidement et proprement fermée. Ce fait attira mon attention, je me rapprochai simulant l'indifférence, lorsque le couvercle de la caisse fut levé et on put voir la plus belle couche de pruneaux d'Agen qu'il fût possible de désirer.

Je croyais qu'on allait tout simplement constater *de visu*, mais oh surprise ! chacun des employés est venu, en effet, constater, mais d'une manière trop palpable pour l'intérêt du destinataire, car chacun d'eux plongea à tour de rôle et à plusieurs reprises, sa main dans le flanc de la caisse et la retirait toujours chargée d'un nombre considérable de ces magnifiques fruits, qui allaient se perdre au fond de poches qui m'ont paru être d'une dimension plus qu'ordinaire.

Et enfin, la constatation faite, on recloua, en gens qui en ont la pratique, très proprement la caisse, et le camion put passer.

J'ai même fait la remarque que le camionneur ne prit que deux pruneaux qu'il mangea de suite. (Au moins ne fit-il tout juste que constater la qualité, celui-là !)

Ceci, je le crois, peut se passer de tous commentaires.

On pourra peut-être me répondre que c'est de la liberté, mais moi je dirai que c'est de la licence.

Pourtant, j'aime à croire que ce fait n'est qu'accidentel, et un tant soit peu excusable, à cause de la beauté des pruneaux ; comme l'a dit ce bon Lafontaine : « L'occasion, l'herbe tendre et quelque diable aussi me poussant. »

Un fait que je crois être un abus de pouvoir, m'a été signalé à propos d'une contravention d'octroi : Un pauvre diable de peintre avait cru trouver économie en déposant un fût d'huile de lin hors des limites de l'octroi, et à une assez grande distance, ayant des travaux à faire à la campagne ; mais son fût d'huile ayant été plus que suffisant, il eut la malencontreuse idée de rentrer, un bidon à la main, sans payer le droit d'octroi : il fut pris, son bidon fut confisqué, on dressa procès-verbal, mais sans lui donner suite devant le tribunal. On fit venir le peintre devant Monsieur le directeur des contributions indirectes qui le condamna à payer une somme de trois cents francs, afin d'éviter les frais d'un procès.

Le peintre se récria et enfin, après beaucoup de démarches et supplications, on l'acquitta à payer la somme de : cent vingt francs, qu'il dut verser immédiatement à la caisse du receveur. — On a ajouté que cette réduction n'a été obtenue que par l'intervention d'une religieuse, qui avait une certaine influence sur la femme du directeur, femme très dévote.

Voilà le fait authentique, tel qu'il s'est passé. Comme je l'ai dit en commençant cet article, j'ignore si l'on a agi légalement, c'est-à-dire si la loi autorise Monsieur le directeur à taxer les contraventions d'octroi, suivant son

bon plaisir ; mais dans tous les cas, tout le monde sera
d'accord avec moi, j'en suis sûr, pour blâmer une telle
sévérité pour une simple fraude à l'octroi, bien constatée,
j'en conviens, lorsqu'on savait parfaitement que le coupa-
ble n'était point coutumier du fait ; lui faire payer une
somme aussi importante, qui a été pour lui une très grande
gêne, c'est user largement d'un droit arbitraire qu'il est
bon, je crois, de signaler à l'attention publique.

Et après cela nos députés viendront-ils encore nous
dire qu'ayant la République, nous n'avons plus rien à
envier, que nous jouissons de toutes les libertés désirables,
que nous pouvons aller, venir, parler et écrire, faire tel
commerce et créer telle industrie qu'il nous plaît sans
entraves ni gêne ? Faut-il en conclure que de pareils députés ne sont pas dignes de nous représenter, ignorant
comment nous sommes administrés, ou ce qui nous est
nécessaire ; ce serait par trop fort !... Ou faut-il croire
qu'ils sont de terribles fourbes, spéculant sur notre ignorance, notre patience ou notre silence ; s'il en est ainsi,
électeurs, montrons-leur que nous ne sommes point ignorants, mais trop patients et surtout trop confiants ; que
notre silence n'a été motivé que parce nous avions espéré
en eux avoir des représentants dignes de ce nom, éclairés
et surtout honnêtes !...

Il est une autre liberté dont nous jouissons, qui n'est
pas nouvelle non plus, mais qui a été retouchée tout ré-
cemment ; donc elle est rajeunie et peut-être attribuée à
la République ; je veux parler de l'expédition des liquides
alcooliques.

S'agit-il d'un envoi, quelle qu'en soit la quantité, il faut
aller à la régie se faire délivrer un permis de circulation,
(car avec toutes les libertés dont nous jouissons, on ne
peut à peu près rien faire, sans demander l'autorisation à
l'administration), et comme le bureau n'est ouvert que de

neuf heures à onze heures et de une heure à cinq heures, chacun peut juger de la commodité pour le commerce. En outre de cela, il ne suffit pas de demander l'autorisation et de payer le droit, il faut encore fournir deux témoins qui doivent signer avec vous la déclaration que vous faites. Ainsi, en résumé, voilà avec quelle largesse nous sommes administrés sous un gouvernement qui a pour principe la devise que chacun connaît : pour expédier un litre de liqueur à un ami, outre les frais, il y a plus de dérangement et de souci à prendre que ne vaut le liquide : cette belle invention de la République s'appelle l'acquit-à-caution.

Puisque je suis à parler de la régie, il est bon que je cite encore cet autre échantillon qui est de sa compétence, il s'agit ici des droits de transporter les voyageurs.

Pour exercer cette profession, ainsi que toutes les autres, du reste, il faut d'abord être patenté, mais de plus il faut prendre une licence, c'est-à-dire aller déclarer à la régie que vous organisez un service de voiture publique. Vous déclarez alors pour combien de voyageurs vous voulez être autorisé, afin de payer un droit proportionnel, bien entendu, comme toujours. Or, c'est là où l'entrepreneur est embarrassé : sa voiture peut bien contenir douze personnes, mais il hésite à la faire porter pour ce nombre, il craint qu'elle ne soit pas complète assez souvent, et il faudrait payer les droits pour cette quantité.

Enfin il se décide à faire la déclaration pour dix voyageurs ; on va lui remettre un laisser-passer sur lequel sera le signalement de la voiture, sa disposition et le nombre de places autorisées ; il devra présenter ce laisser-passer à toute réquisition des autorités compétentes, et s'il a le malheur de prendre un voyageur de plus que ne le comporte sa feuille d'autorisation, il sera passible d'une très forte amende, on ne tiendra aucun compte de ce que les deux tiers du temps il n'a que trois ou quatre voyageurs, qu'il mange de l'argent au lieu d'en gagner ; tant mieux, semble dire la loi, mon but n'étant pas que vous fassiez fortune, mais bien au contraire.

Un simple voiturier qui paie naturellement sa patente et toute imposition afférente, ayant par hasard l'occasion de transporter des voyageurs, même sur sa voiture charretière, est obligé, pour ce faire, de demander une autorisation et de payer un droit de 0,20 c. environ par chaque voyageur, sous peine de s'exposer à avoir un procès qui entraînerait, en plus des frais, une amende de plusieurs centaines de francs.

Avec tout cela, je cherche toujours la liberté et ne la trouve point !...

Quant à l'égalité, c'est bien autre chose, je suis même bien convaincu que l'égalité vraie n'existera jamais, attendu qu'il y aura toujours des pauvres et des riches, des protégés et des protecteurs, et qu'alors, en supposant que l'égalité fût établie par la loi, et il y aura toujours une certaine élasticité dans l'application, qui se prêtera plus favorablement pour l'un que pour l'autre : l'influence de la fortune aura toujours son poids. La protection de ceux que nous appelons nos employés, nos délégués, nos mandataires, nos représentants, à quelque titre que soit, fera toujours incliner le plateau de la balance, suivant que le protecteur sera haut placé ; tous ces gens disposent de plus de puissance que nous, électeurs ! quoique l'on nous dise que nous sommes les souverains maîtres, notre souveraineté est tellement divisée et amoindrie par celle que nous conférons à nos délégués, que nous sommes obligés de demander la protection de ceux-là mêmes que nous avons nommés. Le plus souvent, ne pouvant approcher de celui dont nous avons directement besoin, nous sommes obligés d'abaisser notre majesté souveraine, jusqu'à supplier un tiers d'intercéder pour nous ; alors, de là ressortira toujours une inégalité même devant la loi ; elle sera sévère pour les uns et tolérante pour le autres, suivant que l'individu sera protégé ou haut placé dans la société, soit par son nom ou par sa fortune ; cette dernière est et sera toujours une puissance devant laquelle on s'inclinera.

Je sais bien qu'il ne devrait pas en être ainsi, mais que faire ? il ne faut pas demander l'impossible ; nous ne sommes plus aux temps antiques de la Grèce et ne sommes pas non plus des Spartiates ; la sagesse n'étant pas notre principal don, il faut nous contenter de ce que nous avons, en travaillant à nous perfectionner.

Mais le moyen d'arriver à ce résultat, c'est que chacun se dévoue pour les autres dans la mesure du possible. Ce qui fait notre faiblesse et ce qui fait la force de ceux qui nous gouvernent et nous ont gouvernés, c'est notre peu d'ensemble, c'est notre ignorance et surtout notre mauvaise éducation politique ; on se joue de nous en nous appelant peuple souverain, on nous flatte, on nous caresse au moment où nous disposons de notre pouvoir, le seul que nous ayons : celui du bulletin de vote...

Il est vrai qu'il est une puissance ! mais pour être fort, il ne suffit pas d'avoir un sceptre en main, il faut encore savoir s'en servir, et c'est ce qui nous manque...

Nous connaissons tous la fable si belle du corbeau et du renard, nous en connaissons aussi la morale ; malgré cela, toujours nous ouvrons la main et laissons tomber le pouvoir dans celle de ceux qui savent nous flatter.

La véritable sagesse, celle qui peut nous conduire à la perfection administrative et à une vraie égalité pratique, c'est celle qui consiste à nommer à toutes les fonctions électives de l'administration des délégués qui soient réellement nos représentants, à apprendre surtout à ne pas confondre délégué avec représentant, ce qui n'a pas de ressemblance, car le délégué peut bien ne représenter que lui-même, ou une toute autre classe que celle qui l'a envoyé, tandis que le représentant doit être choisi parmi la classe qui l'a délégué : il sera réellement votre représentant ayant souffert ce que vous souffrez, désiré ce que vous désirez, aimé ce que vous aimez ; en un mot, ayant les mêmes besoins et les mêmes ennemis que vous.

En travaillant pour lui, il travaillera pour vous ; vous n'aurez pas à craindre qu'il aspire à la dictature gouvernementale, ni aux titres, aux honneurs et à la domination ; il n'aura qu'un but, étant homme d'esprit : réformer ce qui est contraire à la vraie égalité, ayant à cœur de répartir sur chacun le fardeau qui l'écrase lui-même. Et si un jour il se démet, ou si vous jugez utile de lui retirer son mandat pour le confier à un autre plus digne ou plus habile, du moins celui-là ne sera pas un crampon accroché au char gouvernemental qu'il ne lâchera que lorsqu'on lui aura donné une place très lucrative ou une grosse sinécure.

Il rentrera humblement dans la vie privée et sera toujours fier d'avoir été investi de votre confiance ; il sera alors bien heureux de jouir des améliorations qu'il aura contribué à obtenir.

Je sais que la question à me faire par beaucoup d'électeurs est toute prête :

Aura-t-il l'instruction et les connaissances nécessaires ? Il est bien entendu que je ne conseillerais pas de choisir un homme complètement illettré ; cela assurément n'est jamais venu à la pensée de personne ! mais le fût-il, que le plus souvent il nous rendrait encore plus de services que beaucoup de ceux que nous avons l'habitude de nommer : Les membres du Tiers Etat de 89 étaient-ils lettrés ? Eh bien ! malgré cela, ils ont posé ces grands principes qui sont encore le seul but de nos désirs aujourd'hui, et pour la conquête desquels nous avons fait en vain tant de révolutions.

Les hommes lettrés étaient dans les deux autres camps, le clergé et la noblesse : qu'ont-ils fait pour nous ? Avec tout leur savoir, ils n'ont même pas été les plus forts, malgré qu'ils avaient la puissance gouvernementale entre les mains ?

Et pourquoi ? parce qu'ils ne représentaient que l'arbitraire et l'injustice, et que le Tiers-Etat, quoiqu'il ait prêté à rire aux deux autres partis par sa tenue, son langage et son audace d'hommes convaincus, représentait bien l'honnêteté, le droit et la justice ; avec cela et leur sincère conviction, ces hommes étaient forts : ils ont vaincu.

Et qu'a-t-on tant besoin d'hommes si lettrés pour faire des législateurs qui ne doivent avoir pour but que de faire une révolution administrative et de législation d'économie politique ?

Est-ce que les hommes lettrés d'aujourd'hui ont le monopole de l'intelligence naturelle, de toutes les sciences et de la sagesse ? Est-ce que nous ne voyons pas à chaque instant des hommes ornés de plusieurs brevets, et même décorés de la marque distinctive du savoir, n'être pratiquement que des sots à qui d'humbles artisans auraient beaucoup à en remontrer. La majeure partie ne sont grands que parce que nous nous faisons petits ; nous ne les regardons que de loin et à travers le verre grossissant que leur fait la fortune qu'ils possèdent, et enveloppés de ce brouillard qui leur fait auréole, et qu'on appelle le brevet de capacité, brevet obtenu le plus souvent au prix de l'or.

Mais si vous les approchiez, que vous ouvriez cette boîte humaine, et que vous regardiez, même à l'œil nu, vous seriez très surpris de la trouver aussi vide.

Ils sont comparables à ces génies dont parlent les contes des *Mille et une nuits :* ce sont des colosses qui, vus de loin, effraient l'humble mortel au point de le faire trembler, mais si on ose les approcher, le nuage se dissipe et bientôt on reconnaît que ce n'était qu'une chimère.

Et puis enfin, comment pourraient-ils être nos dignes représentants? Ont-ils vécu de notre vie laborieuse? Portent-ils le poids des impôts et de la misère? Ont-ils éprouvé les difficultés que nous rencontrons de par les lois, à chaque pas, dans notre carrière de travailleur ? Non! pour eux la vie a toujours été facile ; ils sont nés dans un lit de roses et n'ont eu qu'à laisser couler le temps en jouissant de tout le bien-être qui était préparé pour eux ! Les lois leur sont en tout favorables. Pourquoi demanderaient-ils des améliorations ? Pour nous, et contre eux alors ! Je ne vois point ce qui pourrait les pousser à cela : ils jouissent de tous les avantages vis-à-vis de la loi; toutes les réformes à demander au point de vue de l'égalité contre eux ! Alors pourquoi les demanderaient-ils ces réformes? Il faut convenir que nous sommes bien exigeants ; vouloir que les gens coupent des verges pour se faire battre, c'est par trop fort ! !...

Mais s'ils étaient tels que nous les voulons, ils nous seraient bien supérieurs, car nous, nous demandons la suppression de l'inégalité parce que cette inégalité nous est préjudiciable à tous les points de vue, nous demandons la réforme des lois arbitraires sur l'impôt parce qu'elles nous atteignent d'une manière écrasante ! Mais nous ne demandons rien qui ne nous soit favorable. Nous demandons la liberté de parler, d'écrire, de censurer les actes administratifs, celle de travailler librement, sans entrave, d'aller, de venir, de créer telle industrie et commerce sans être gêné par les lois fiscales.

Tout ceci est-il vrai, très juste, très équitable, c'est de

l'égalité de droit naturel; mais cela est pour nous et contre eux. Nous pourrions même demander plus, nous pourrions demander, sans être exagérés, au-delà de la liberté de faire et d'agir, la protection des lois pour le travailleur, car puisque le travail est la source de toute fortune, il est aussi la source de paix et de concorde : plus il y aura de travailleurs, moins il y aura de paresseux et la paresse étant la source de tout vice, la protection au travail détruira le mal engendré par celle-ci.

Aujourd'hui tout le monde n'aspire qu'à une chose, à ne rien faire : le plus travailleur est en résumé le plus paresseux, car celui-là court avec toute la rapidité que ses moyens lui permettent, vers le but qu'il poursuit ; celui de la fortune, afin de ne plus rien faire, c'est-à-dire paresser tout à son aise et jouir en même temps de tous les avantages que procure la loi à celui qui est riche et ne fait rien !...

En outre la jouissance de la protection des lois faites toutes au profit du riche, il aspire encore à la domination et aux honneurs, et pour cela il compte avec raison sur notre ignorance et notre naïveté, puisque nous ne voulons être représentés que par ceux-là.

Alors, il doit se dire ceci : Puisque les lois, comme travailleur, sont contre moi, puisque je n'ai qu'un seul moyen d'obtenir la protection de celles-ci, tout en réalisant mon rêve doré de la paresse et de la considération de mes concitoyens ; alors, à l'œuvre, que rien ne m'arrête ! La fin justifie les moyens dit la morale des jésuites, j'arriverai quels que soient les moyens à employer.

Il se met à l'œuvre, ce paresseux modèle, sa résolution est bien prise, rien ne l'arrêtera ; il va travailler nuit et jour, se priver et économiser sur tout. Le personnel qui l'entoure va en voir de belles ! Que l'on n'attende pas de lui ni grâce, ni largesse, non ! il ne voit nulle souffrance

ni besoin autour de lui : tout doit contribuer à la réalisa-
tion de son rêve. Il s'est marié entre deux opérations
commerciales et son mariage a été la troisième, et pas la
moins importante !...

Le temps qu'il a consacré à cette fête a été de courte
durée : Les affaires avant tout, a-t-il dit !

A partir de ce jour, ils sont deux, plus la dot : la femme
appartient au mari, dit la loi, elle lui doit obéissance ; il
l'aura bientôt façonnée à sa guise, ce sera pour lui un
instrument docile, et surtout productif.

Si, à quelques rares intervalles, se réveillant comme
d'un rêve, elle supplie son mari de lui laisser un moment
de repos, et de lui procurer un peu de plaisir, à elle et à
ses enfants, il se récriera très fort : « Du repos des voya-
ges, ah bien oui ! dit-il, nous n'avons pas le temps, les affaires marchent et il faut en profiter ! Elle devra donc re-
fouler en elle tout désir de jouissance et se briser à cette
nécessité dictée par son mari. En effet, ayant compris ce
bon raisonnement, qui consiste à se refuser toute jouissance tant que le but n'est pas atteint, elle est devenue
aussi cupide que lui ! Il peut s'absenter en toute sécu-
rité, elle tiendra le gouvernail de la barque aussi sérieusement que s'il était là ; le personnel n'aura pas le moindre répit et de plus on va, pendant cette absence, faire
encore des économies sur la table, personne n'osera s'en
plaindre et ce sera autant de sauvé.

Enfin, les affaires ont marché rapidement, le gain est
arrivé à poignée, la maison de commerce est à son apogée,
c'est le moment de chercher un successeur ; la clientèle
pourra se vendre bon prix, enfin, la boule sera complète.
Il est donc arrivé à son but : il est très riche, très riche,
son avoir est placé en majeure partie sur l'État, le place-
ment est sûr, productif, et surtout ne paie pas d'impôts.
Il a acheté une propriété magnifique, un petit château à

quarante lieues de la ville où il a fait fortune, il se conduit en grand seigneur, il se montre aussi large qu'il a
été pingre dans sa carrière commerciale, il ajoute à son
nom celui de sa propriété avec la particule : cela est permis, cela ne constitue pas un titre nobiliaire, cela n'a pas
d'importance, mais cela fait bien sur une carte de visite
et surtout au bas d'une affiche électorale !...

Voilà donc notre négociant, devenu millionnaire, ins-
tallé. Il n'est connu de personne dans le pays, mais comme
il est très riche et qu'il joue bien le grand seigneur il va
bientôt être prisé, et premièrement nommé conseiller mu-
nicipal, puis maire, et ensuite conseiller d'arrondissement ou député.

Celui-là connaîtra toutes les charges qui nous incombent, il serait assûrément apte à nous représenter à l'assemblée législative, mais peut-il prendre en main notre
cause et défendre nos intérêts sincèrement ? — Je réponds
non ! car il serait en contradiction avec lui-même et avec
tout son passé ; il n'a pas travaillé avec tant de zèle ; il
n'a pas obtenu le résultat qu'il désirait pour travailler
ensuite à se dessaisir lui-même des droits et privilèges que
lui confèrent les lois.

Il a voulu, à tout prix, arriver à partager la faveur ac-
cordée à celui qui ne possède et ne fait rien, il sait que
c'est grâce à cet avoir qu'il peut entretenir son prestige
sur ceux qui l'entourent, il n'a point complètement dé-
pouillé non plus la peau de l'homme économe jusqu'à l'a-
varice que nous connaissons ; il veut bien (vu que cela
lui procure de la satisfaction), dépenser certaines sommes
pour se faire de la popularité, mais quant à demander lui-
même une loi égalitaire qui lui ferait payer une imposition plus importante que les sommes réunies qu'il dépense
pour établir sa popularité de grand seigneur, oh bien
non ! se dira-t-il, je ne veux pas bêtement faire le

sacrifice de ce qui m'a coûté tant de peine à acquérir ! que
chacun fasse comme moi, qu'il travaille s'il veut du bien-
être, je serais bien sot de ne pas jouir, comme tous mes
prédécesseurs dans la vie, des avantages que procure la
fortune.

Je suis riche, grâce à mon talent et à mon activité, je
veux jouir des honneurs et privilèges qui me sont dus, de
par les lois je prétends et j'exige qu'il n'y soit rien changé,
je tiens l'un et l'autre, je les garde !...

Voilà donc le raisonnement que tiendra ce deputé par-
venu : alors si celui-là raisonne ainsi, que doit-on attendre de celui qui est né riche et titré, de celui qui ignore
les charges que nous avons à supporter et les vexations
auxquelles nous sommes en butte chaque jour pour travailler. Il ignore aussi les entraves qui existent de par
les lois, n'ayant jamais rien fait ; il n'a pu éprouver les
conséquences de ces lois, étant de ceux en faveur de qui
elles ont été faites. Je vais en citer un exemple.

Je me trouvais un jour à une réunion publique électorale, ou des questions ont été posées au candidat à propos
des impositions.

Le candidat, soi-disant républicain, ignorant sans doute
lui-même ce qu'il aurait dû répondre pour être favorable
à sa candidature, s'embrouilla et finalement ne dit que
des bêtises, ou le contraire de ce qu'on était en droit d'attendre de lui. Alors l'interpellateur est remonté à la tribune, s'est mis en devoir de développer plus longuement
son interpellation, mais il fut interrompu par un membre
du bureau, administrateur de la ville, depuis longtemps,
qui ignorait les impôts que paie l'ouvrier, puisqu'il dit
ceci à l'orateur :

« Vous vous trompez, en disant que l'ouvrier paie
10 fr. 50 d'impôts directs, au minimum, c'est 2 fr. 70 qu'il
paie.

La réplique a dû lui servir de leçon, il doit s'en souve-
nir, car elle fut verte :

Je crois encore voir le geste dédaigneux qu'il fit en
haussant les épaules. « C'est vous, Monsieur, qui êtes
dans l'erreur, et vous me faites vraiment pitié, comme
adjoint au maire, vous ignorez ce que paie d'impôt l'ouvrier de la ville que vous administrez. Oui, continua-t-il, il
paie 2 fr. 70 de cote personnelle, plus la cote mobilière et
centimes additionnels, ce qui produit le chiffre minimum
que je viens de citer.

Ce même adjoint était, je crois, en même temps, conseiller d'arrondissement !

En restera-t-il là ? je ne le crois pas, il ne s'arrêtera pas
en aussi beau chemin, j'espère que d'ici peu, il aura l'audace d'aspirer à la députation. En descendant de la tribune,
l'humble orateur auquel je fais allusion, a été arrêté par
un monsieur à barbe grise, représentant très bien, qui
était à côté de moi, près de la tribune. « Monsieur, lui a-t-il
dit, permettez-moi de vous serrer la main et de vous féli-
citer tout en vous remerciant, car vous m'avez instruit.

» Monsieur, répliqua humblement l'orateur, j'accepte les
politesses que vous voulez bien me faire, mais j'ignore en
quoi j'ai pu vous instruire ; vous avez, sans doute, plus
d'expérience que moi, et je n'ai parlé que d'impositions, ce
qui doit être connu de tout le monde, à l'exception des
adjoints qui n'y sont pas obligés, à ce qu'il paraît.

— Vous vous trompez, ajouta le monsieur à barbe blan-
che, j'ignorais et beaucoup d'autres ignorent ce que vous
avez dit là. »

En tout cas, ce Monsieur-là était de bonne foi. On m'af-
firme qu'il est aujourd'hui conseiller général et aspire à la
députation [1].

1. C'est Monsieur Vergne, ex-général au titre auxiliaire.

Et Monsieur l'assesseur, adjoint au maire et conseiller d'arrondissement, qui ignore les impôts que paie l'ouvrier de sa ville, que peut-on dire de lui ?

Il est vrai que ce Monsieur n'a jamais eu à payer d'impôts, comme travailleur, à quelque titre que ce soit : il est de ceux qui sont nés dans un lit de roses ; il s'est fait républicain, probablement par désœuvrement, ou peut-être parce qu'il ne pouvait pas se faire autre chose.

Enfin, et en résumé, voilà l'échantillon des hommes qui nous représentent et aspirent à nous représenter : tout leur mérite consiste donc dans leur audace ou leur position de fortune ; quant à leur savoir, touchant ce qui nous intéresse, il est complètement nul.

Je ne conteste point qu'ils ont été à l'école, mais c'est à l'école du riche, et celle-là n'a pu que les former à devenir nos ennemis naturels, non à être nos interprètes et nos défenseurs.

Et peut-il en être autrement ? Pour nous, travailleurs, fils de la glèbe, du plus loin que notre mémoire peut nous servir, nous nous souvenons que de tout temps nos parents se sont plaints des charges accablantes des impôts ; alors, à mesure que notre intelligence s'est développée, nous n'avons eu qu'un but : rechercher la cause de ce mal, et en y réfléchissant, nous avons vu de bonne heure que la seule cause c'était l'inégalité.

Mais eux, les fils de la vieille autocratie et de la jeune aristocratie bourgeoise, quelle a donc été leur éducation première ? Ne leur a-t-on pas appris, dès le berceau, qu'ils étaient nés pour commander ? Tout autour d'eux ne leur a-t-il pas fait croire, depuis la nourrice jusqu'au valet obséquieux, qui ne leur parle que l'échine courbée, le jarret tendu et à la troisième personne, tout autour d'eux, dis-je, ne leur a-t-il pas fait croire qu'ils étaient d'une autre nature que nous ; est-ce qu'on ne leur a pas dit qu'il

y avait deux races d'hommes faites : l'une pour commander et l'autre pour servir !

Pouvons-nous donc oublier que l'éducation première
laisse en nous un germe qui ne disparaît jamais complètement, et presque toujours reprend même le dessus. Ne
voyons-nous pas chaque jour de jeunes étudiants de dix-
huit à vingt-cinq ans, être en lutte d'opinions très tran-
chées avec leur famille, tandis qu'à trente ans, ils sont
devenus plus rétrogrades que leurs ancêtres, à moins que
l'ambition ne les gouverne ; mais alors, méfions-nous
d'eux ; ils sont plus nos ennemis et plus dangereux que
ceux qui le montrent ouvertement.

Il est donc bien entendu que le mal, c'est-à-dire la diffi-
culté d'arriver à un progrès réel, ne dépend que de notre
ignorance ou de notre défaut de raisonnement ; nous
n'avons donc pas une autre voie à suivre pour arriver à
un résultat satisfaisant et en harmonie avec la forme du
gouvernement actuel que de nommer des représentants
honnêtes, et, je le répète, ayant les mêmes besoins que
nous ; en faisant leurs affaires, ils feront les nôtres.

A ceux qui seraient tentés de me dire qu'en dehors de
ceux-là nous avons besoin d'avoir dans nos assemblées
des hommes capables de faire des administrateurs et de
faire des lois autres que celles ayant rapport à l'économie
politique.

A ceux-là je répondrai : « Ne craignez rien, il s'en trouvera toujours plus qu'il n'en faut, et parmi ceux que vous
choisirez au milieu de vous, il se trouvera bien des hommes capables, plus que vous ne le supposez, et soyez bien
convaincus de ceci : c'est que des hommes, animés de bons
sentiments et dévoués à la chose publique rendront plus
de services que toutes les notabilités au pouvoir jusqu'à
présent. De plus, est-ce que nous pouvons rougir de mettre
en pratique sérieusement le résumé de la forme de notre

gouvernement démocratique, qui veut dire : gouvernement du peuple par lui-même ?

Pour pouvoir juger comme administrateurs ces hommes à grands noms et à grosses fortunes, vous n'avez qu'à vous approcher un peu plus près d'eux, et vous verrez que ceux-là à qui vous donnez votre confiance pour administrer l'État ne sont même pas capables d'administrer leur fortune personnelle ; ils ont des régisseurs qui font tout pour eux, sans qu'ils puissent même en vérifier les comptes ; leur plus grand mérite est de savoir bien se conduire dans les salons. Nous en avons assez, je suppose, de cette sorte de représentants ; pour mon compte, je suis tout disposé à crier : « Assez d'hommes de cour et de salons ; assez de charlatans et de beaux faiseurs de discours, assez d'avocassiers, hommes habitués à torturer les phrases pour les faire parler à leur profit ; place aux véritables administrateurs intéressés, place surtout à l'honnêteté et au travail !...

Avec ces derniers, vous verrez que nous arriverons promptement à la solution pratique.

Jusqu'à ce jour, quand quelques voix se sont élevées au sein de nos assemblées, rarement, très rarement, il faut en convenir, pour réclamer un peu de liberté et surtout un peu d'égalité devant les charges et devant la loi, elles ont été promptement étouffées ; on peut citer Messieurs Laroche-Joubert, sous l'empire, et Ménier sous la république actuelle ; tous les deux ont eu le même sort : On dit autre temps, autre chose nouvelle ! mais non, pas du tout, quand il s'agit de payer le fardeau d'épaules, tout est immuable. « Oh ! oh ! se sont écriés la presque totalité des représentants, ne touchez pas à cela, la chose est impossible ! »

Et en effet, l'éteignoir est encore une fois tombé sur la lumière qui voulait se montrer, et tout est rentré dans le silence et dans la nuit ; pas une seule voix n'a protesté de plus ; nous sommes sous la république et il est impossible de tenter d'améliorer les lois sur la liberté et l'égalité.

Ainsi donc, empire et république ne font plus qu'un et sont parfaitement d'accord, quand il s'agit de refuser de mettre en pratique les principes essentiels de la liberté et de l'égalité : Francs et loyaux.

Tous les deux se cachent derrière cette impossibilité pratique que je vais essayer de mettre sous les yeux du lecteur.

Pour trancher avec toute interprétation, je vais d'abord déclarer que le système d'impôts que je réclame, comme étant le seul acceptable et praticable dans un pays libre où l'égalité est pratiquée, c'est l'impôt progressif sur l'avoir de chacun : celui-là peut remplacer tous les autres impôts existants et avec une facilité d'application et de perception incomparable avec le système actuel.

Maintenant il est indiscutable que l'une des plus grosses pierre d'achoppement c'est le gouvernement. C'est là où l'on peut voir combien les hommes qui nous administrent et nous ont administrés sont peu loyaux dans leur dire ; ils se disent hautement désintéressés de tout pouvoir personnel, dévoués seulement à exécuter les volontés bien démontrées de la nation, mais le motif qui fera toujours que le gouvernement fera de l'opposition à l'exécution de ce projet, c'est qu'il lui retirerait le plus puissant levier qui est actuellement à sa disposition, celui du formidable personnel employé à la perception des impôts, tant directs qu'indirects.

Il y aurait là aussi une source prodigieuse d'économie à faire, quand on sait que près d'un quart du produit des impôts est employé à couvrir les frais de perception.

Et à côté de cela, quelle source de production supprimée, combien de bras sont rendus inutiles par le fait de tous ces emplois divers, et combien de bouches inutiles doivent être alimentées par ceux qui travaillent.

Les Romains, dit-on, se sont perdus par la guerre. Oui cela doit être vrai, mais ce n'est pas le fait proprement dit qui les a ruinés ; le véritable motif a été que, pour faire la guerre, ils ont dû négliger le travail des champs, source de toute fortune, et quoique pendant longtemps victorieux, ils n'en creusaient pas moins très rapidement la fosse qui devait les engloutir par la ruine, tout en entraînant avec eux les peuples vaincus ; ils ont été les premiers précipités dans l'abîme, duquel ils n'ont pu se relever, tandis que les peuples vaincus n'ont point complètement succombé, et la raison, la voici :

Les premiers ont fait la guerre pour elle-même, se sont habitués à ce métier, qu'ils ont appelé glorieux, ont négligé pour celui-ci les champs, les arts et les sciences ; ils n'ont eu de goût que pour la paresse et la domination, mais pour dominer il faut la force, et la force manque bien vite, quand le sol ne produit plus rien.

Tandis que les derniers, les vaincus, n'ont fait la guerre qu'autant qu'ils n'ont pu l'éviter, l'ennemi leur laissait-il un moment de répit, aussitôt la charrue était reprise et traçait de larges sillons, la plaine reverdissait, les moissons mûrissaient, alors de nouvelles forces étaient acquises, et surtout le goût du travail avait le dessus sur celui de la guerre.

Tandis que nous, en France, ce qui est notre plaie, ce n'est pas la guerre; nous n'avons pas, Dieu merci, ce goût très développé, nous pouvons seulement, quant à présent, être classés au rang des vaincus des Romains; mais ce qui nous fait le plus souffrir, ce qui pourrait être notre ruine, n'était la richesse de notre sol et l'activité dévorante de nos travailleurs : c'est *le fonctionnarisme !*

Le fonctionnarisme, lèpre vivante, qui envahit de proche en proche, tant par influence que de fait, un bon tiers de notre population, en viciant chez elle tout raisonnement sain ; c'est par là que les despotes ont pu gouverner, et se faire maintenir momentanément une certaine popularité ; c'est encore par là que peut être perdue la République, en conservant ce venin toujours disposé à former un levain au profit des monarchies. Le fonctionnarisme est toujours prêt à mettre en pratique cette phrase de Talleyrand-Périgord disant : « S'il y a un coup de balai, je me mettrai du côté du manche. » Pour tout fonctionnaire, la raison du plus fort est toujours la meilleure, c'est pour cela qu'avec une pareille organisation, la voie est toujours ouverte à la dictature, et que le dictateur est toujours sûr de la réussite, s'il a pu faire un premier effort audacieux qui soit couronné de succès.

Aussi, une des raisons qui devraient être puissantes pour déterminer le gouvernement à accepter avec empressement une réforme aussi instamment pressante, produit-elle l'effet contraire : on veut conserver son nombreux personnel, quoique ruineux, et pour cela, on s'oppose de toutes ses forces au progrès le plus en harmonie avec la forme d'un vrai gouvernement républicain.

Cette raison est celle que l'on pourrait appeler raison politique ou raison d'État.

Quant aux autres, elles sont tout simplement dictées par l'intérêt personnel ou par un faux raisonnement.

Ainsi rien n'est-il plus juste que de percevoir l'impôt sur celui qui possède, et rien n'est-il plus arbitraire, comme le démontre mon ami dans la lettre qui précède adressée à Monsieur Lecomte, que de faire payer à celui qui n'a pas même assez pour apaiser sa faim.

Et cependant on ose soutenir qu'il n'y a rien à faire : j'ai même entendu un candidat, soi-disant républicain, (candidat à la députation) dire dans une réunion publique que tout était pour le mieux, que les impôts avaient tou-

jours été appliqués ainsi, et qu'il n'y avait sérieusement
pas de changement à demander.

Aussi, de par les électeurs, ce candidat si conservateur
des erreurs établies a-t-il échoué, quant à la députation.
Mais il faut croire que le gouvernement actuel lui a su bon
gré d'un aussi bon raisonnement car immédiatement il a été
nommé, en compensation probablement, à un poste très-
lucratif et inamovible, sans préjudice de l'avancement qui
ne s'est pas fait attendre longtemps.

Ainsi sont traités ceux qui me servent ! semble dire le
gouvernement.... Lorsqu'il soumit à l'assemblée sa proposition qui consistait à demander l'impôt sur le capital,
M. Ménier rejetait l'impôt sur le revenu ; à son point de
vue il avait raison, car, disait-il, l'impôt sur le revenu a ce
mauvais côté, c'est de se rapprocher du système actuel qui
consiste à faire payer celui qui travaille : et il présentait à
peu près cette figure : « Voici deux frères qui ont eu en
partage chacun cent mille francs l'un est actif, remuant,
il va faire produire ses cent mille francs 10 0/0, tandis que
l'autre, un paresseux qui néglige même ses intérêts, ne
fait produire que 4 0/0 ; il en résulterait que l'un aurait dix
mille francs de revenu, et l'autre que quatre seulement si
l'on appliquait l'impôt sur le revenu, il ressortirait encore
que le paresseux serait protégé au détriment de l'autre qui
est un travailleur, un homme de mérite qui, tout en faisant produire son capital, rend beaucoup de services.

Ce raisonnement est très juste mais rend l'application
de la loi plus difficile. Si l'on veut imposer le capital il faudra bien admettre que celui qui saura le faire fructifier, sera
aussi un peu économe, et qu'alors son capital s'augmentera
progressivement et qu'il faudra bien alors arriver à l'imposer. C'est pour cela que je demanderais, moi, l'impôt sur l'a-
voir ou le capital progressif, suivant que ce capital augmentera ou diminuera, soit par des pertes ou autres cas.

4

Il est tout naturel et de toute justice que si l'avoir du contribuable diminue, l'impôt diminue, de même qu'il a augmenté quand l'avoir a progressé.

J'arrive maintenant au point qui a été la grande réplique des législateurs qui se sont opposés à la prise en considération de ce projet. Mais ce qui m'a toujours étonné c'est que parmi les quelques députés appuyant le projet aucun n'ait su répliquer ce qu'il y avait à dire. Faut-il en conclure qu'ils l'ignorent ? ce qui ne serait pas du tout en leur faveur. — J'aime mieux croire qu'étant peu convaincus de la réussite de leur projet, ils l'ont abandonné sans vouloir discuter davantage.

Il faut, néanmoins, savoir bon gré à Monsieur Ménier, riche industriel, et à ses quelques collègues, d'avoir bien voulu planter ce jalon.

Voici la réplique généralement faite par les opposants, et si généralement acceptée comme valable, qu'elle m'a été faite à moi-même par des intéressés au renversement de cet état de choses.

On répond ; « Pour arriver à ce résultat, il faudrait donc fouiller dans l'avoir de chacun, pénétrer les secrets les plus cachés, car on sait que beaucoup de gens passent pour posséder un certain avoir, et qu'ils le doivent.

Où donc saisir le véritable avoir ? et puis enfin, ce serait une sorte d'inquisition, car il faudrait faire une perquisition domiciliaire, il faudrait donc aussi aller demander aux négociants à voir leurs livres, demander à connaître le résultat de leur inventaire ? »

Alors on s'écrie : « Non, cela n'est pas possible ! on ne peut pas aller sous prétexte d'imposer les gens d'une manière égale, faire un inventaire au domicile de chacun ! Non, ce moyen n'est pas praticable ! »

« Nous savons tous, ajoutent messieurs les députés, en prenant un petit air chagrin, que la perception actuelle de l'impôt a son mauvais côté, même au point de vue de l'égalité elle laisse beaucoup à désirer, mais que peut-on y faire ! il faut des impôts et malheureusement nous n'avons pas d'autres moyens de les percevoir. L'impôt indirect, si productif, ajoute l'orateur attendri, a bien son mauvais côté, à cause des grands frais qu'il nécessite pour son recouvrement et certaines vexations ; mais à part les gens enclins à faire la fraude, les autres n'y font guère attention ; on est habitué à cela, pourquoi vouloir changer ? Et en somme, l'impôt indirect est une bonne chose, attendu que c'est toujours le consommateur qui paie sans s'en douter.

Et quant aux riches, est-ce qu'il n'existe pas contre eux l'impôt des droits de succession, qui est très lourd, et celui des droits de mutation, qui l'atteignent aussi tout, particulièrement ?

Mon Dieu ! Monsieur, continue l'orateur doucereux, tout bien considéré, je crois que les charges sont bien réparties ; je crois que de ce côté on n'a rien à demander, en fait d'égalité, tout est bien et pour le mieux !!! » (Sur ce, bravos sur presque tous les bancs, et la question est enterrée encore pour longtemps.)

Maintenant, voici le système actuellement employé pour percevoir les impôts : système que l'on trouve si juste dans sa répartition, et si peu vexatoire dans sa perception : il est bien entendu que je n'entends parler que de l'impôt direct, car quant à l'impôt indirect, il est jugé.

Quand il s'agit des simples particuliers, Monsieur Le Contrôleur des contributions accompagné d'un agent de police passe dans chaque maison, examine l'importance du mobilier et du local, prend des notes, questionne, si bon lui semble, le locataire ou propriétaire, et par cette visite domiciliaire établit suivant son bon gré l'importance de la cote mobilière à payer.

Lors de cette visite, chacun a bien droit de présenter des

observations desquelles on ne tient nul compte ; si M. le
Contrôleur se donne accidentellement la peine de répondre,
c'est pour dire généralement : « Si vous n'êtes pas satisfait vous réclamerez. »

Et voici comment se fait cette réclamation. Après avoir
reçu la feuille d'impositions, c'est-à-dire la note à payer,
si vous n'êtes pas satisfait, comme l'a dit M. le Contrôleur,
vous payez premièrement les termes échus, c'est-à-dire
deux ou trois mois (car il faut d'abord payer avant de réclamer) : alors vous joignez la quittance à votre feuille d'imposition, vous faites une réclamation bien humblement sur
une feuille de papier timbré de 60 centimes. (Encore un
impôt indirect à payer pour avoir le droit de réclamer.)

Alors le tout est adressé à Monsieur le Préfet du dépar-
ment qui, lui, fait passer cela à Monsieur le Directeur
des contributions directes, lequel renvoie cela au Contrôleur qui vous a visité et n'a pas voulu vous entendre. Ce
dernier fait une réponse qui repasse par toute la filière
comme ci-dessus, et vous est retournée par les soins du
maire, généralement quatre ou cinq mois après, et cette
réponse est négative quatre-vingt-dix-huit fois sur cent,
alors vous n'avez plus qu'à payer et à vous taire. Et chaque année, suivant que la famille sera augmentée ou que
les arbres auront poussé dans le jardin dont vous n'êtes
que locataire, la cote mobilière et locative s'élèvera progressivement, sans que vos réclamations puissent aboutir
autrement qu'il est dit plus haut.

Je connais un industriel qui paie 950 fr. de loyer du
local qu'il occupe et qui paie aujourd'hui des impôts sur
un loyer de 1800 francs, rien que pour son habitation personnelle, à laquelle il n'a pas été fait pour un centime d'a-
mélioration ; cette augmentation d'impôt n'a été calculée
que sur la plus-value qu'a apportée la végétation dans le
jardin, et la satisfaction que peut retirer le locataire de

pouvoir se reposer à l'ombre des arbres, quand le temps le lui permet.

Voilà, je crois, ce que l'on peut appeler de l'arbitraire parfait : et l'on viendra dire que l'impôt sur l'avoir progressif n'est pas praticable. A cela je réponds non, en principe; mais il se pratique très bien par l'abus d'interprétation et de pouvoir.

Si ce Contrôleur dans ses tournées rurales faisait l'application du même droit proportionnel à la plus-value des propriétés, quelle source de fortune il découvrirait. Mais non, là il s'en rapporte au cadastre, attendu que les grands propriétaires ne sont pas des gens taillables, comme les industriels et autres travailleurs.

Et pourtant, je le répète, quelle source de revenu pour le budget, si même, sans ajouter d'augmentation à la taxe sur les terrains productifs, tous ces terrains étaient taxés comme tels.

Quant on pense que le cadastre a été fait en 1825 ! voilà par conséquent cinquante-cinq ans, en admettant même, contrairement au dire du député Laroche-Joubert, que le cadastre ait été fait consciencieusement à cette époque, on se demande quelle immensité de terres y ont été portées comme incultes (attendu que ce n'étaient que des brandes et autres terrains improductifs), qui aujourd'hui sont les meilleures terres, les plus productives, une grande partie de ces terrains autrefois incultes, sont même plantés en vigne et devraient être taxés commes terres de première classe, et pourtant on n'en fait rien ! Cela n'empêche pas Messieurs les grands propriétaires de crier très fort en demandant la réduction d'impôts sur le foncier, ce qui leur réussit à merveille, puisque le gouvernement vient de proposer aux Chambres d'accorder par une loi cette réduction.

Quand on pense à cela, peut-on s'empêcher de s'écrier : « Ah ! mais quel est donc ce gouvernement qui nous régit !

Comment ! il a l'audace de s'intituler gouvernement démocratique, tandis qu'il ne protège que le riche au détriment
du pauvre et du travailleur ! et nos députés qui sont en
grande majorité républicains, disent-ils, vont voter de pareilles lois ! sont-ils donc des ignorants ? ou nous trahis-
sent-ils audacieusement ??...

Maintenant on a donné comme motif principal pour refuser l'impôt sur l'avoir progressif du contribuable que ce
serait de l'inquisition, que l'on ne pouvait pas aller chez
les gens, fouiller dans leur intérieur, estimer chaque objet,
que ce serait trop vexatoire.

Et pourtant cela se pratique aujourd'hui de la manière
la plus franche chez certains coutribuables. Je vais en citer
un exemple, et tiens à la disposition de qui doutera,
le nom du contribuable auquel je fais allusion. C'était en
1874, au mois d'octobre, un employé des contributions,
Monsieur Cirode Fils, qui était très connu à Châteauroux,
s'est présenté chez un industriel de cette ville en disant :
« Monsieur, je suis envoyé par Monsieur le Directeur des
contributions pour faire le recensement de votre matériel,
afin d'établir la taxe à percevoir.

» Monsieur, lui fut-il répondu, je suis à votre disposition. »

Alors, l'inventaire fut fait de toutes les machines et outils contenus dans l'atelier de cet industriel, avec la force
nominale de la machine à vapeur et le prix d'achat de tous
ses outils. Ceci terminé, l'industriel put croire que tout
était fini, mais il n'en fut rien.

En effet, à quelques jours de là, un autre employé s'est
présenté, venant encore de la part du Directeur et disant
qu'il était envoyé pour réviser l'inventaire du matériel, attendu que l'on n'acceptait pas comme bon celui déjà fait.
Alors on se remit à l'œuvre, tout fut de nouveau révisé et
estimé et finalement le premier inventaire fut reconnu bon
et valable.

Vous croyez, amis lecteurs, que sans doute, tout fut fini là, que c'était assez de perquisitions domiciliaires et de vexations, eh bien ! il n'en fut rien : il paraît qu'outre ses agents inquisiteurs connus, l'administration possède encore ses espions ou agents secrets et ceux-là font encore un rapport qui prime celui des agents connus ; en voici la preuve : A quelques jours de cette deuxième visite, un autre agent des contributions directes s'est de nouveau présenté, homme grave, très poli et très doucereux, un vrai type d'homme à jouer la Passion de Jésus : si on lui avait donné un soufflet sur une joue, il aurait assurément tendu l'autre pour en recevoir un deuxième, l'homme le plus parfait qu'il est possible d'imaginer pour remplir la fonction dont il était chargé...

S'adressant à l'industriel en question il lui dit, le chapeau à la main et du ton le plus onctueux que l'on puisse désirer, et avec un semblant de larme dans le coin de l'œil.

« Monsieur, je suis envoyé par M. le Directeur des contributions et j'ai le regret de vous déclarer qu'il n'accepte pas comme valable les déclarations que vous avez faites aux agents qui se sont présentés ; je viens en conséquence vous prier de me donner toutes les preuves dont vous disposez, afin d'arriver à convaincre M. le Directeur. »

Il est probable que le ton confit de Monsieur l'employé ne charma pas l'industriel, car il répondit d'un ton très vif : « M. votre Directeur et vous poussez l'indiscrétion et l'abus jusqu'à l'insolence ; si votre Directeur n'accepte pas les déclarations réitérées que j'ai faites, et que vos agents ont contrôlées par estimation d'accord avec moi, je ne vois plus rien à vous dire : c'est de l'inquisition que vous exercez contre moi, je ne sache pas que la loi vous autorise à pareille chose ? J'ai tout supporté, j'ai répondu avec toute la patience dont je suis doué, aux deux agents qui vous ont précédé, je vous déclare que je suis à bout et vous prie de vous retirer, car sans cela je ne réponds pas de ne vous pas mettre dehors par les épaules ! »

Monsieur l'employé doucereux ne se fâcha point ; il répondit de son ton le plus caressant... « Vous avez tort, M., de vous emporter contre moi, attendu que je ne suis qu'un employé exécutant les ordres de mon supérieur ; et, ajouta-t-il, je vous ferai remarquer que vous n'avez rien à gagner à vous fâcher, car nous avons des notes et si nous ne nous entendons pas on vous taxera suivant celles-ci, et il y a une différence considérable avec vos déclarations. »

Alors ! il fallut bien se radoucir, tâcher de savoir ce que contenait cette boîte à onguent à l'étiquette si affriolante.

On se mit donc en devoir de faire un troisième inventaire en commençant par la machine à vapeur. Alors eut lieu le petit dialogue qui suit : De quelle force est votre machine ? — De quatre chevaux — Combien vous coûte-t-elle ? — 3500 francs, — Eh bien ! voyez, M., dit l'employé, voilà la note : Machine à vapeur huit chevaux, prix huit mille francs.

Mais M., s'exclama l'industriel, que voulez-vous que je réponde à cela ? prenez un expert alors, il reconnaîtra facilement que cette machine n'est pas de la force de huit chevaux et que, par conséquent, elle ne peut non plus avoir coûté huit mille francs.

Mais, M., ajouta l'employé, ce n'est pas à nous de faire la preuve, nous nous en tenons à nos notes, c'est à vous d'établir que nous sommes dans l'erreur, sans quoi vous serez taxé comme je vous l'ai déjà dit.

Ai-je besoin d'ajouter que le pauvre industriel dut faire des efforts violents sur lui-même pour se contenir et essayer encore de voir où cela pourrait aller ? on continua donc par les autres machines et outils et à chaque objet, il en fut de même : ou il y avait une machine, la note de l'employé en comportait deux ou trois, et quant au prix, il était toujours au moins double. Enfin, on ne put aller jusqu'au bout et du reste cela était complètement inutile, puisque l'employé avait ses notes desquelles il ne voulait pas se départir ; il semblait, quant au nombre, dire que les autres étaient cachées, et quant au prix, il demandait des preuves.

Et quelles preuves ? les factures, les livres, il n'aurait encore été possible de lui en fournir que ce qui existait, mais pour le surplus, comment le convaincre ? Et en essayant de raisonner avec lui sur la valeur exagérée qu'il donnait à chaque machine, il répondait invariablement : « Je ne me connais point en machines, j'ignore complètement quelle valeur réelle elles peuvent avoir, je ne puis en conséquence entrer dans cette discussion. Alors, l'industriel cessa de lui répondre et lui tourna les talons.

Mais l'employé doucereux ajouta : « Eh bien ! M. puisque nous ne pouvons nous entendre, vous serez taxé sur mes notes, et si vous n'êtes pas satisfait vous reclamerez. »

Voilà textuellement ce qui se passe pour les contribuables aujourd'hui ; (celui qui travaille, bien entendu)

Dira-t-on encore qu'il est impossible de pratiquer l'impôt sur l'avoir, à cause qu'il faudrait faire des perquisitions chez les gens ?

Si l'on faisait des perquisitions, il n'y aurait rien de nouveau, puisque cela se fait, mais cela devient inutile puisque, avant de faire cette perquisition, on sait ce qu'il y a chez chaque industriel, et que, quel que soit son dire, on maintient les notes en disant : « Vous réclamerez... »

Il serait assûrément bien plus équitable de taxer un rentier quelconque sur son avoir ou son revenu que l'industriel qui ne possède que des machines, outils qui, le plus souvent, ne réalisent pas de bénéfice ; surtout à ce point de vue que le premier possède un avoir parfaitement établi et palpable, tandis que le dernier, c'est l'instrument de travail qui est imposé, c'est le bras de l'ouvrier, c'est l'intelligence, c'est la pensée, c'est, en un mot, ce qui devrait être protégé, qui est puni d'amende !...

Et voilà pourtant ce qui est maintenu comme seul équitable et praticable pour la perception des impôts dans le siècle où nous vivons.

« Tout changement est impossible, disent nos législateurs républicains. »

J'ai parlé des réclamations que dit de faire l'employé des contributions lorsque l'on trouve être imposé arbitrairement ; j'ai déjà fait connaître comment cela se faisait et quel en était le résultat le plus ordinaire ; il me reste à dire les moyens employés dans certains cas, peut-être exceptionnels, je veux bien le croire, mais je trouve que c'est encore beaucoup trop ; voici ce qui a lieu :

L'un de mes amis, industriel, avait fait des entreprises de fournitures à l'État pour une somme considérable, le marché était fait pour une année mais avec réserve de la part de l'État de le restreindre de moitié, bien que les agents de l'État chargés de faire le traité, affirmassent qu'il n'en serait pas ainsi, qu'il n'y avait rien à craindre quant à la réduction, que ce serait plutôt le contraire, l'article faisant défaut il en fallait des quantités prodigieuses.

L'industriel en question se mit donc à l'œuvre et sur le pied de fournir le maximum ; mais comme les marchés de l'État doivent être enregistrés (Loi de 1872). M. Le Contrôleur, qui a droit de puiser là des renseignements, eut connaissance du marché immédiatement ; alors il accourut chez l'industriel, faire une nouvelle révision du matériel, compter le personnel, afin de faire l'augmentation proportionnelle des impositions de ce contribuable.

Mais à fin Juin, malgré l'engagement des employés de l'État, l'ordre était donné de suspendre toute livraison, et cela, sans le moindre avertissement, avant l'époque fixée.

Alors l'industriel, qui occupait environ 150 ouvriers, a réduit immédiatement son personnel à vingt personnes, et il s'en suivit qu'il adressa une demande de réduction d'impôts à la préfecture, toujours sous forme de pétition et sur papier timbré. On resta d'abord longtemps sans répondre, enfin on se décida à demander des preuves à l'appui de la demande. Quand il s'agit d'imposer, on a bien trouvé, sans l'aide d'aucune pièce le moyen d'appliquer les taxes ! mais quand il s'agit de dégrever, c'est tout autre chose, il n'y a jamais de preuves suffisantes, (c'est à croire que les employés du fisc sont ennemis jurés de tout ce qui travaille) : oui, il faut des preuves, comme si une centaine d'ouvriers mis à pied en un seul jour n'en fournissaient pas une preuve suffisante. Pourtant, si un industriel embauchait dix ouvriers dans le courant de l'année, le contrôleur en aurait bientôt la preuve, et enverrait de suite une surtaxe proportionnelle. Quoiqu'il en soit, il a fallu fournir des preuves, ce n'était pas difficile, on a adressé les lettres authentiques de l'administration supérieure suspendant tout travail, celles-là, du moins, auraient dû suffire, il paraissait impossible d'en fournir de meilleures : « J'étais imposé, dit l'industriel, spécialement comme fournisseur de l'État, l'État me retire sa fourniture, l'imposition tombe tout naturellement, attendu surtout que je fournis la preuve que ce n'est pas de mon fait directement ni indirectement, c'est l'État qui suspend le travail. Chacun va dire que cela est trop juste, que puisque j'étais imposé pour un nombre d'ouvriers que j'occupais, l'impôt étant de 9 fr. 53 pour chaque personne, plus l'impôt sur le matériel qu'ils occupent, tout cela étant supprimé du fait de l'État, l'impôt doit l'être aussi ; mais il n'en fut point ainsi, les preuves n'étaient pas encore suffisantes.

Ainsi, à la date du 17 Janvier 1877, l'industriel reçut une lettre de Monsieur le Contrôleur des contributions directes, c'est-à-dire six mois après sa réclamation. (Je copie textuellement.) Cette lettre disait ceci en marge : Administration des Contributions directes, département de .... contrôle de .... N° 166.

Monsieur, pour répondre à une demande de renseignements qui m'est faite par Monsieur Le Directeur des Contributions directes, relativement au droit à une modération de patente que vous créent les pertes résultant pour vous de la décision prise par le Ministre de ne plus recevoir vos produits entre le 1er Juillet et le 31 Décembre.

Je suis obligé de vous demander exactement en quoi consistent ces pertes et à quel chiffre elles s'élèvent.

Je vous serais obligé de vouloir bien y réfléchir : *Marquez sur vos livres les points que j'aurai à consulter, pour m'en rendre compte, et de recueillir au besoin les notes nécessaires.*

Recevez, Monsieur, l'assurance de ma parfaite considération.

Signé : *Le Contrôleur* :

....

Et en effet, Monsieur Le Contrôleur ...... s'est présenté le samedi indiqué à deux heures, il fut bien accueilli par l'industriel à qui il dit : « Vous avez reçu ma lettre ? — Oui ! lui fut-il répondu, mais je ne vois point ce que je puis vous montrer, attendu que quand je ne fais point d'affaires, il n'en figure point sur mes livres ; quant aux pertes dont vous parlez, qui résultent de la suspension des fournitures, elles sont palpables par la raison que quand je ne travaille pas je ne puis réaliser de bénéfices, si toutefois il y a bénéfice en travaillant, mais ceci ne peut vous intéresser, M. Le Contrôleur, que mes entreprises soient productives, ou non, vous n'avez, je pense, rien à y voir, l'impôt sur le revenu n'étant pas voté, que je sache du moins; il en résulte qu'étant imposé seulement sur le nombre du personnel, sur les machines fonctionnant, sur l'immeuble que j'occupe, en un mot, sur l'importance du travail en apparence que je fais faire, et non sur les bénéfices réalisés, il doit vous suffire de voir que mes ateliers sont vides, que les machines sont en repos, pour pouvoir me faire la réduction. De plus, comme je paie un impôt spécial qui s'élève à 9 fr. 53 par chaque ouvrier ou ouvrière que j'emploie ; une centaine ont été mis à pied cela est visible, faites-moi alors la réduction, comme vous auriez fait l'augmentation, si je les avais embauchés au lieu de les congédier.

Mais M. Le Contrôleur ne put comprendre ce raisonnement.

Il reprit : « Tout ceci est très bien, mais j'ai besoin, pour pouvoir répondre aux demandes qui me sont faites, de pouvoir prendre d'autres notes que celles-ci, il me faut des preuves plus palpables, en un mot, j'ai besoin, et cela est indispensable, de voir vos livres, afin de pouvoir affirmer que vous avez subi une perte, et faire connaître son importance. » Alors, M., répondit l'industriel, c'est mon inventaire que vous voulez voir. Votre inventaire ou toute autre preuve, ajouta M. Le Contrôleur. Puisqu'il en est ainsi, Monsieur, je n'ai rien à vous montrer, j'aurais même dû commencer par vous faire cette réponse, mais je tenais à voir où vous pourriez en venir ; eh bien ! M. Le Contrôleur, vous mériteriez que je vous misse à la porte avec quelque chose de plus, car ceci c'est tout simplement faire abus de pouvoir et user de curiosité personnelle, la loi ne vous au‐torise point à cela, si j'ai réalisé des bénéfices je ne veux

pas vous le faire savoir, et encore bien moins si j'ai de la
perte. » Sur ce, M. le Contrôleur tourna les talons, en mur-
murant ? « Eh bien : puisqu'il en est ainsi, vous ferez tout
ce que vous voudrez, mais quant à moi, vous n'obtiendrez
pas de réduction. » Et en effet, la réclamation n'aboutit
pas ,il ne fut rien accordé.

J'ajouterai ici, sous forme de note, ce qui suit :

Que le droit d'enregistrement du marché dont il est parlé
ci-dessus, a été perçu sur le maximum, malgré la réserve
faite par l'administration. Cette somme s'élevait à 1554 fr.
45, il semblait tout naturel, au point de vue honnête, que
la moitié de cette somme fut remboursée, puisque l'État
avait supprimé la moitié de la fourniture.

Mais l'administration ne procède pas ainsi : « J'ai perçu,
a-t-elle répondu suivant l'usage, sur la totalité, mais
quant à rembourser la moitié, je ne le puis pas, attendu
qu'il y a des précédents et que le remboursement a été re-
fusé.

Alors il n'y avait d'autre alternative que de s'adresser au
conseil d'État, mais comme le conseil d'État n'est accessible comme les autres tribunaux, qu'en exposant beaucoup
d'argent, que, dans l'espèce, on aurait bien pu dépenser
plus que la somme réclamée, qui aurait été de 777 fr. 23,
on préféra renoncer à poursuivre et perdre cette somme.

Il y a certitude que, si cette affaire avait été portée devant
un jury, celui-ci n'eût pas hésité à condamner l'administration au remboursement proportionnel ; cela paraît trop
juste.

Mais, la raison du plus fort est toujours la meilleure,
quelque mauvaise qu'elle soit ; j'ai déjà fait abus de pouvoir et agi injustement, semble dire l'administration, je
dois continuer...

Je le répète encore: dira-t-on que l'impôt sur l'avoir progressif est impraticable, qu'il est impossible d'aller fouil-

ler dans la fortune de chacun, afin d'établir la cote à payer ; si l'on faisait encore cette réponse, malgré la preuve si bien établie que cela se pratique aujourd'hui de la manière la plus sérieuse, il faudrait alors dire : « Si cela est impraticable, d'une manière générale, pourquoi le pratique-t-on chez quelques-uns ? La loi n'est donc pas faite pour être appliquée à tous les contribuables ? il y a donc réellement des privilégiés et des maudits, et l'application des lois est donc facultative au gré du contrôleur ou autres agents ? Si c'est ainsi, qu'on le dise, qu'on fasse connaître la ligne de démarcation, afin que l'on sache si c'est seulement l'industriel qui doit subir ces perquisitions domiciliaires, qu'on reconnaît trop vexatoires pour le riche et le rentier.

Il est cependant bien plus facile de taxer le rentier que l'industriel, à quel point de vue que l'on veuille se placer, surtout si l'on voulait agir loyalement.

Le moyen employé pour taxer l'industiel, comme je l'ai démontré plus haut, consiste à faire un inventaire détaillé de tout ce que renferment ses ateliers et magasins, en donnant telle valeur fictive à chaque objet qu'il plaît à l'employé, jusqu'à ce que la preuve contraire soit bien établi par le contribuable.

De plus, on évalue le rendement en travail que chaque machine pourra faire en fonctionnant, afin de l'imposer comme produit manuel, représentant un nombre déterminé d'ouvriers, chaque ouvrier employé représentant lui-même un impôt à payer par l'industriel, qui atteint 9 fr. 53. Il en résulte que l'indutriel paie, outre les impôts des portes et fenêtres, celui de sa patente afférant à son industrie, celui du droit sur l'importance de l'immeuble qu'il occupe et des centimes additionnels qui viennent se greffer sur le tout ; il paie, dis-je, en sus de tout cela, trois fois l'impôt sur l'avoir qui, le plus souvent, ne lui appartient pas, ce que j'établis ainsi : Une première fois sur la valeur du matériel, une deuxième fois sur le produit brut de ce matériel, fonctionnant comme travail manuel et une troisième fois sur le bénéfice supposé réalisé.

Ce qu'ont fait MM. les Contrôleurs, la lettre de M. ...... l'établit de la manière la plus irréfutable.

Ainsi, voilà la réponse toute faite à cette réplique qu'on a toujours produite sans y apporter le moindre changement : « Comment établira-t-on l'avoir de chacun ? il y a des gens qui passent pour être très riches et ne le sont point, ils doivent les deux tiers de ce qu'ils possèdent, et si encore c'était toujours par hypothèques, on pourrait le savoir, mais quand ce sera par billets ou autres écrits privés, ce sera insaisissable, et alors, où trouver le vrai propriétaire ?

Franchement, Messieurs les Législateurs qui ont toujours fait cette réponse, ont fait preuve d'une grande ignorance ou d'une insigne mauvaise foi.

S'ils ignorent que la loi existe, et que cela se pratique depuis longtemps chez le travailleur, ils ne sont pas dignes, pour le motif d'incapacité, du mandat qui leur a été confié.

Si au contraire, ils ont connaissance de l'existence de cette loi et de la manière dont elle est mise en pratique, ayant l'audace de la nier aussi effrontément du haut de la tribune législative, ce sont des hommes à rayer de la société française ! ! !

En résumé, pour appliquer d'une manière générale cette loi de l'impôt sur l'avoir, il n'est même pas besoin d'aller scruter, comme cela se fait chez certains contribuables ; il suffirait de réviser le cadastre afin d'établir la valeur réelle de la propriété foncière (ce qui a été décidé depuis longtemps, mais n'a pas été mis en pratique). Rien que de ce fait sans eaugmentation de taxe, en percevant seulement le

droit établi qui est de la somme infime d'environ 1 fr. 75
par hectare, on triplerait, j'en suis sûr, le rendement de
l'impôt foncier.

Quant à imposer le rentier, celui qui ne possède pas de
propriété, il ne sera pas plus difficile de le faire que d'imposer l'industriel sur les bénéfices qu'il peut réaliser.

Puisque l'on peut bien savoir, d'une manière du moins
satisfaisante pour le fisc, ce qu'il y a d'outils chez un industriel, leur force nominale, les services qu'ils peuvent rendre,
leur prix d'achat et les bénéfices qu'ils peuvent réaliser,
il est bien plus facile de savoir ce que possède un rentier
quelconque, quand arriverait-il du Nouveau Monde.

Qu'une personne étrangère arrive dans une localité, aussitôt le bruit public a colporté dans tous les coins du pays
que telle, personne est arrivée de tel endroit, a telle chose
de remarquable dans son mobilier ; on sait si elle a un cheval ou un âne, combien elle a de domestiques, si elle vit
grassement ou maigrement, et quelle est l'apparence de sa
fortune : tout cela est promptement connu dans ses moin-
dres détails, soit par l'indiscrétion des domestiques ou
parce que les gens eux-mêmes tiennent à se faire connaître.

Quant à ceux habitant depuis longtemps dans la localité
ou qui y sont nés de père en fils, il existe dix moyens pour
un, à part l'orgueil et la fierté qui portent les neuf-dixiè-
mes des gens à faire savoir qu'ils sont riches.

Il existe ces moyens : L'héritage des grands parents, la
dot de chacun des époux, les autres héritages, s'il en est
survenu, les spéculations financières ou foncières, l'économie journalière sur les revenus accumulés ; tout cela est
très facile à estimer approximativement, d'après le train
de maison de chacun, et la plus-value que prend chaque
jour la propriété, qui, nous le savons tous, se double en
vingt ans. Il ne serait donc point besoin d'aller faire des

5.

visites chez le contribuable, comme cela se pratique aujourd'hui, il suffirait que la loi mit dans l'obligation chacun de faire, à une époque déterminée, la déclaration de son avoir imposable ou les rectifications devenues nécessaires, après quoi une commission ou un conseil nommé spécialement aurait à examiner les déclarations qui seraient acceptées ou augmentées à la majorité des voix. Si, après cela, le contribuable n'acceptait pas la taxe, il ferait exactement comme nous faisons aujourd'hui, il réclamerait et justifierait la valeur de sa réclamation, qui serait admise ou rejetée.

Quant aux gens qui passent pour être riches et qui doivent sans que leurs biens soient hypothéqués, étant imposés sur les apparences, il ne tiendrait qu'à eux d'être dégrevés en faisant la preuve que tout ce qu'ils possèdent ne leur appartient pas. En même temps qu'ils feraient cette preuve, ils feraient connaître le vrai propriétaire, qui lui, alors, serait imposé en échange.

Et quant à ceux qui se trouveraient dans cette dernière condition et qui par orgueil ou vanité refuseraient de faire connaître leur vraie situation de fortune, eh bien ! ils paieraient. Et quel mal peut-on voir à cela, est-ce que de tout temps il n'y a pas eu des gens qui ont crevé en imitant la grenouille de la fable de La Fontaine, de quoi auraient-ils à se plaindre ? ils seraient les maîtres de la situation, ils ne pourraient imputer qu'à eux seuls la surchage d'impôts qu'ils auraient à supporter quand on paie ce qu'il plaît de payer, assûrément on ne doit pas se plaindre. S'il fallait s'attendrir sur ceux de cette catégorie-là, je me demande ce qu'on devrait dire de ceux qui ne possèdent rien, paient, et ont payé de tout temps, tous les impôts, tant directs qu'indirects, malgré qu'ils n'ont cessé de réclamer, c'est ce qui s'appelle :

« *Tondre le diable qui n'a pas de cheveux.* »

C'est sur celui-ci qu'il y aurait lieu de s'attendrir, quand on sait, que, avec la loi actuelle, le père de famille qui n'est pas au bureau de bienfaisance, s'il a quatre ou cinq enfants, paiera plus d'impôts directs qu'un autre dans la même situation de fortune mais n'ayant pas d'enfants. Ainsi, il faut que ce père de famille se prive d'autant plus qu'il est plus malheureux, étant plus surchargé de famille. Pour le commerce et l'industrie, il est aussi très facile d'établir l'avoir, sans faire, bien entendu, de perquisitions, je le répète, comme cela se pratique aujourd'hui. Pour les maisons anciennes, on connaît leur situation par la somme versée sur le prix d'achat par le preneur, et par l'importance de la maison, suivant laquelle il faut un roulement de fonds pour parer aux éventualités.

Quant aux maisons nouvelles, celles qui se créent, si le propriétaire est de la localité, on le connaît, on sait ce dont il peut disposer.

Si le propriétaire est étranger, il est bien facile de voir la manière dont il débutera. S'il se monte largement et s'il paie ses fournisseurs comptant, il a un avoir qu'il sera bientôt facile d'évaluer. Si au contraire, il débute petit à petit, faisant son installation en plusieurs fois, c'est qu'il attend les affaires, le bénéfice et le crédit, alors il n'est pas riche ! « A voir marcher, » disent les agents de renseignements, et je n'apprends rien aux agents de l'administration, puisqu'ils opèrent probablement ainsi actuellement.

Quant au compte ouvert en banque, je n'ai pas besoin d'en parler longuement, attendu que chacun sait qu'il existe une loi spéciale, qui fait que l'on perçoit un droit très fort sur le découvert en banque ; donc on a des moyens pour connaître ce découvert.

Mais, chose bizarre qui renverse toute conception raisonnable, on pourrait croire que c'est le prêteur qui est imposé par cette loi, comme cela se pratique à l'égard de tout contribuable travailleur, lorsqu'on évalue que tel outil qui a coûté tel prix devra produire tant de bénéfice, on l'impose sur le bénéfice probable. L'argent est lui aussi l'outil du capitaliste qui en fait commerce; mais là le raisonnement est complètement renversé, c'est l'emprunteur que la loi atteint. Et nos législateurs ont l'audace de dire : la loi sur l'avoir n'est pas praticable, attendu qu'il est difficile d'établir l'avoir de chacun ! On croirait franchement qu'ils ont bien souci de n'atteindre que le véritable avoir, tandis que c'est tout le contraire qu'ils disent, à preuve cette loi sur le découvert en banque qui vient encore d'être retouchée, il y a très peu de temps, pour augmenter le droit, bien entendu !

Il y a bien loin de ce principe-là à celui de l'impôt sur l'avoir réel... Si je devais passer en revue toutes les preuves qui existent contre le dire de nos bons législateurs, j'aurais trop à faire. Ce n'est pas une petite brochure qu'il faudrait faire, mais de gros volumes, et pour le moment le cadre que je me suis tracé, ne permettant pas de m'étendre si loin, je m'arrêterai ici espérant que les quelques détails qui précèdent et qui sont appuyés de preuves, suffiront du moins pour éveiller l'attention des électeurs, et éclairer ceux qui, en toute confiance, ignorant l'existence de certaines lois, et la manière dont elles sont pratiquées, ne viennent plus dire, avec les intéressés au maintien de l'état de choses actuel : il n'y a rien à faire, vu qu'il est impossible d'aller faire des perquisitions chez les gens.

Je ne puis m'empêcher de citer encore ce contraste si décourageant quand on l'envisage. Voilà un groupe de commerçants et industriels qui, tout en travaillant et exposant leur petit avoir, ont beaucoup de peine à faire honneur à leurs affaires, eh bien ! ils paient pour cela de 400 fr. à 1000 francs d'impôts directs, tandis qu'au milieu d'eux est un rentier possédant 50 à 60 mille livres de rentes, bien placées sur l'État ou tout autre équivalent, celui-là ne paie que deux à trois cents francs d'impôts, et encore, parce qu'il lui plaît d'avoir un bel immeuble.

Je sais que l'on va s'empresser de me répondre que les titres de rente autres que ceux sur l'État paient 3 % d'impôt, oui, je sais cela, mais je sais aussi que c'est l'emprunteur qui paye et n'on pas le prêteur ; il en est de cela comme de l'impôt foncier que paie le fermier, cela rentre en ligne de compte dans le prix du fermage. Mais quand ce serait ainsi, est-ce que ce serait un impôt équivalent à mettre en comparaison avec l'impôt infligé à celui qui, ne possédant rien que son travail, est obligé d'en payer de si lourds, relativement ! Ainsi, voilà un homme possédant 100,000 francs de rente, dont moitié sur l'État, soit 50,000 francs et l'autre moitié sur les chemins de fer ; s'il devait payer l'impôt sur les 50 derniers mille francs à 3%, cela ferait 1500 francs d'impôt total pour cent mille francs de rentes bien établies, sans compter les répartitions de bénéfice annuel. N'est-ce pas une vraie dérision, une injure permanente jetée à la face de tout travailleur qui fait cette comparaison. Voilà un simple ouvrier qui ne possède pour toute fortune que son travail, et quatre ou cinq enfants : il faut qu'il paye 15 francs d'impôts directs pour avoir le droit de vivre dans la misère. Le patron qui l'occupe paie aussi lui, pour avoir le droit de l'occuper, au moins la même somme, ce qui fait que sur la tête du malheureux père de famille, est accumulé un impôt direct de 30 francs. Tandis que le rentier, cité plus haut, lui qui possède au moins deux millions de fortune, ne paiera que 1500 francs ! Que les amateurs de comptes creux veuillent bien me faire cette règle de proportion : Trente francs sur rien et 1500 francs sur cent mille francs de rente.

Dira-t-on qu'il serait impossible que l'on fît payer à ce

rentier 10 ou 15 % de sa rente, qu'il lui serait impossible de vivre avec 85 ou 90 mille francs par année, qu'il lui faut bien intacts ces 100,000 francs.

Mais cependant, pour lequel des deux est maintenue sur pied cette formidable armée que nous entretenons ? Au profit de qui fonctionne cette magnifique organisation pour le maintien de la paix et de l'ordre ? Pour la garde de quoi a-t-on créé des gardes champêtres, gendarmes et autres agents de sûreté ? — Ce n'est assurément pas pour celui qui n'a que son travail ! Eh bien ! alors, que celui qui a besoin de toute cette milice et de tous ces appareils de guerre pour jouir en paix des douceurs et privilèges que procure la fortune, que celui-là en fasse les frais ! Cela est de toute justice.

Un joli contraste pour finir... Monsieur David, conseiller général et député de l'Indre, a voté à l'Assemblée législative, comme député, contre le projet de loi de dégrèvement d'impôt sur le foncier.

Quelques jours plus tard, au Conseil général, il déposait un vœu tendant à ce que l'État employât 40 % de l'excédent de recettes prévu au budget pour être employé au dégrèvement de l'impôt foncier.

L'un des membres du Conseil général lui fit cette réflexion : « Je suis fort surpris que cette proposition soit présentée par M. David qui a voté contre le projet de loi à l'Assemblée ! »

Sur ce, embarras de M. David qui balbutie : « Je ne me souviens pas d'avoir voté comme vous le dites, mais si je l'ai fait, c'est par discipline, comme on a habitude de le faire dans mon parti !...

N'est-ce pas magnifique cette manière de faire ? Voilà ce que l'on peut appeler un homme politique, mécanique et à plusieurs faces. Républicain démocrate dans son petit pays, machine à voter à l'Assemblée législative, et conservateur réactionnaire au Conseil Général !

Combien en avons-nous comme cela parmi nos députés républicains ?...

Paris 31 Août 1880.

Châteauroux — Imp. Nuast, MAJESTÉ, successeur

www.ingramcontent.com/pod-product-compliance
Lightning Source LLC
Chambersburg PA
CBHW070927280326
41934CB00009B/1777